送给财会职场小白的你

曹瑞芳 著

中国财经出版传媒集团
中国财政经济出版社
北京

图书在版编目（CIP）数据

送给财会职场小白的你 / 曹瑞芳著 . -- 北京 ： 中国财政经济出版社，2024.6

ISBN 978-7-5223-2943-7

Ⅰ . ①送…　Ⅱ . ①曹…　Ⅲ . ①财务会计 – 基本知识　Ⅳ . ① F234.4

中国国家版本馆CIP数据核字（2024）第055104号

责任编辑：孙丛丛　　　　责任校对：胡永立

封面设计：MXK DESIGN STUDIO Q:1765628429　　　　责任印制：史大鹏

送给财会职场小白的你

SONGGEI CAIKUAI ZHICHANG XIAOBAI DE NI

中国财政经济出版社 出版

URL：http：//www.cfeph.cn

E-mail：cfeph @cfemg.cn

社址：北京市海淀区阜成路甲28号　邮政编码：100142

营销中心电话：010-88191522

天猫网店：中国财政经济出版社旗舰店

网址：https：//zgczjjcbs.tmall.com

北京中兴印刷有限公司印刷　　各地新华书店经销

成品尺寸：170mm × 240mm　16开　18.5印张　234 000字

2024年6月第1版　2024年6月北京第1次印刷

定价：66.00元

ISBN 978-7-5223-2943-7

（图书出现印装问题，本社负责调换，电话：010-88190548）

本社图书质量投诉电话：010-88190744

打击盗版举报热线：010-88191661　QQ：2242791300

前言

又是一年毕业季，刚毕业的财会专业大学生带着对未来的憧憬和对世界的懵懂认知，跌跌撞撞地走进了职场，开启了人生新阶段。他们进入职场后才发现，原来书本上的知识和实际工作会有如此大的差距，一时半会儿都醒不过神来。如何从学校顺利过渡并适应职场，利用所学专业知识应对工作中的各种问题呢？针对财会小白提出的问题，我曾经写了多篇公众号文章，我把之前公众号的文章和后来学员提出的问题进行了分类归纳总结，形成了这本《送给财会职场小白的你》。本书致力于解答初入职场财会小白遇到的多种困惑，包括职场发展问题、财务会计问题、审计问题、税收问题、内控问题等。全书采用问答的形式，便于读者能快速找到问题及答案。全书的篇章标题也是经过精心打磨，全部是简洁易懂的“五个字”。全书分为七个部分：职场发展篇、“注会”赋能篇、财务会计篇、审计规范篇、税收政策篇、内控制度篇、常用法规篇。

本书主要针对财务职场小白，专业方面讲解得不是很深入，算是一本启蒙书吧。

全书每篇内容都有独立编号，便于读者按类阅读和查找，是一本非常实用、简洁易懂的工具书，可以为初入或即将步入财会职场的你点上一盏灯，照亮前进的路，助力迅速找到答案，快速找到职场自信。

新入职的CC说：看到这本书，我才发现原来财务工作还需要知道这么多，自己的知识有很多盲点。

MM说：学校里学的东西在工作中很多都用不上，这本书很实用，非常贴近工作实际，接地气，喜欢。

Mary说：原来财务职场的路可以有这么多选择，我要好好想想自己更喜欢什么、更适合什么工作。

Lili说：这本书有趣有料，不同于以往的教科书，非常期待这本书的出版，也会把它推荐给我的闺蜜。

Yaya说：我的首要目标是通过注册会计师考试，让自己更值钱，哈哈哈。

求人不如求己，带上这本书，就像偷偷带上老师去上班，让你在职场自信心满满。

2024年1月

目录

第一篇　职场发展篇

第二篇　“注会”赋能篇

第三篇　财务会计篇

第四篇　审计规范篇

第五篇　税收政策篇

第六篇　内控制度篇

第七篇　常用法规篇

第一篇

职场发展篇

1 Q：2024年会计毕业生的就业趋势怎么样？

A：近年来，财会专业毕业生的就业形势一直都是比较稳定的。有的小伙伴问2024年的财务人员的就业趋势。其实财会相关就业岗位一直都在，而且高薪岗位也一直都在，就看从业人员是否有能力胜任岗位的要求，现在可能存在的一个问题是，很多学生在学校学的知识过于死板，所以入职后实际操作比较困难。学校培养出来的学生与社会需要的财务人员，在供给和需求方面匹配度不高，从而造成就业难的情况。要跨越学校学习和工作要求的鸿沟，是每个毕业生必须要经历的。

2 Q：会计专业毕业生适合选择什么样的岗位？

A：会计专业的小伙伴马上要毕业了，有的人就会问，我该选择什么样的岗位呢？

在这里，我给几个建议：

第一个是出纳岗位。出纳岗位，应该是财会职场的一个基础岗，这个岗位的要求相对来说比较低，但是做好也不容易。应聘出纳岗位，你要了解出纳都做什么，知道什么是现金，什么是银行存款，什么是其他货币资金。

第二个是审计助理岗位。刚毕业的大学生还可以选择去会计师事务所做审计助理。做审计助理，也是要从最基础的业务开始做起，要了解审计流程，要做简单的会计科目，要会抽查凭证，这些可能就是审计助理需要做的工作。会计师事务所要求你有一定的抗压能力和较强的学习能力，具备以上两点后，在会计师事务所成长的速度还是蛮快的。

第三个是公务员。大学毕业生第三个就业方向就是做公务员，但是前提条件是你能够顺利通过公务员考试，并被招录。

第四个就是做老师。当然，现在大学的老师都要求是博士毕业，要想当老师，毕业后需要考取硕士、博士研究生。只要你努力，这个目标是可以达到的。

3 Q：财务人员转型分为三种类型，你处在哪一种？

A：你的层次决定你的站位，你的站位决定你的地位。

（1）战略财务人员。该岗位需要具备全局视角、顶层设计、决策参与、引领管理、企业战略转化与实施、财务战略规划与实施、全面预算、资本运营、分析评价及解决挑战性问题的能力。

（2）专业财务人员。该岗位需要具备事前策划、管理执行、职业判断、分析预警、业绩考核、税收筹划、体系管理（制度、标准、流程、设计与运行措施的研究与实施）及解决技术性问题等能力。

（3）业务财务人员。该岗位需要具备推进实施、核算报告、渗透业务、信息管理、协作沟通、提供支持服务及解决事务性问题的能力。

4 Q：如何看待“996”现象？

（1）每个有成就的人都付出了远超于“996”[①]的努力。

（2）不愿意“996”，其实很正常，毕竟人各有志，也并非所有组织、所有阶段都是“996”。

① 网络流行词，指早上9点到岗，晚上9点下班，每周工作6天，泛指工作时间很长的工作制度。

（3）相当一部分“996”都是消磨。没有目标，也没有效率。可能是领导人自欺欺人，员工欺骗领导。

（4）我更认同的模式是工作时间全力聚焦目标。业余时间除了彻底休息外，要把握和创造各种机会成长，对有利于自己核心竞争力的提升，要花足够的时间，这样所带来的价值绝对远大于“996”。

舞台再大，自己不上台，就永远是个观众；平台再好，自己不参与，就永远是个局外人。不努力，听到的永远是别人的好消息。

5 Q：学习，让自己值钱！

A：人活一辈子有两个追求：一个是有钱，另一个是值钱。

有钱的人不一定值钱，但值钱的人早晚会有钱！

一个人不断学习、不断努力的过程，就是让自己不断值钱的过程！

值钱之前，是你求别人；值钱之后，是别人求你。

值钱前后的这一转变叫作“价值转折”，也就是一个人的自我价值从量变到质变过程，学习让自己值钱。永无止境！

6 Q：练就十项技能，你也能成为出类拔萃的人。

A：练就十项技能，你也能成为出类拔萃的人。

然而怎样才能出众呢？那就是练就十大技能：

胆：胆识和魄力是考验一个人能否担当大任的重要素质。

心：心里装着百姓，把百姓的利益举过头顶。

肩：肩负的是人民的信任和使命。

脑：决策者获取信息、分析信息、利用信息的“服众”能力是促使事件化险为夷的能力。

眼：前瞻视角情况在变，任务在变，工作要求在变，怎样识变、应变、图变?

耳：人的倾听能力体现在把握信息的能力。

鼻：敏感性是让一个人“行高于众”的特质，表现为政治敏感性、风险敏感性。

口：不会说话、词不达意的人，是没有思想的人，危机管理中，这种人很可能会耽误事情的进展。

手：优秀的文字要比刀剑更有力。

脚：直奔基层、直插现场。路在脚下，走过的每一步都算数。

7 Q：那些没有消灭你的东西，终会使你变得更强壮。

A：每个人活在世上都要承担属于你的那份苦和难，没有谁比谁更容易或者更轻松。你始终要一个人穿过漆黑的夜，走过坎坷的路，渡过湍急的河，能够承受住生活中所有的苦痛，才能在职场和人生中活得更容易一点。

其实任何一份工作都不容易，你以为体力工作难，但你不知道脑力劳动者的精神压力有时并不比腰酸背痛更让人轻松；你以为脑力工作难，但你并没试过在寒冬酷暑时依旧用身体卖命工作的感觉。

也许我们每个人做的工作内容不一样，辛苦程度不一样，面对的压力和困难不一样，但每个人在职场上都是不容易的。

当你在工作中想要放弃，或者感到很难时，可以告诉自己，没有一份工作是容易的，与其在工作中抱怨，不如在工作中奋进。

因为工作本身也是一种修行，它不会因为你换了一份职业，换了一个环境，换了一些同事，就不辛苦、不困难、不委屈。相反，当你懂得在工作中增加自己的抗压能力，提高自己的工作能力，培养积极乐观的好心态，等到自己在职场上羽翼渐丰，拥有足够多的底气和实力时，那些吃过的苦、受过的难，终将成就更好的你。

正如尼采曾经说过，那些没有消灭你的东西，终会使你变得更强壮。

8 Q：中国最难的五大考试。

A：中国最难的五大考试，注册会计师考试是其中之一。

注册会计师考试是我国的一项执业资格考试，由财政部考委会（财政部注册会计师考试委员会简称）组织领导全国的统一考试工作。考试科目分为审计、会计、财务管理、税法、经济法、公司战略与风险管理6门，要求在5年内全部考过，如果有1科第5年没过，第1年通过的那些科目的成绩有效性就要作废。通过6科就可以取得专业阶段合格证，会有一个专业证书编号，只有拿到那个编号才能报考综合阶段，综合阶段也是在5年内通过。通过综合阶段，就有1张全科合格证书，才算正式通过CPA考试，然后可以向当地注册会计师协会申请，成为执业会员或者非执业会员。

注册会计师考试最大的难度在于单科考试成绩5年内有效，只有在连续的5年内取得全部科目考核合格，才能拿到考试合格证书。比起部分科目允许高中生考2次的新高考制度，注册会计师考试要难得多！

另外4项最难考试依次是：国家司法考试、高考、公务员考试、研究生入学考试。

9 Q：财务主管到财务总监。

A：有学员咨询，从财务主管到财务总监需要做些什么才能胜任？在深入沟通后，我为其指明了几个学习方向，现将财务经理应该具备的能力梳理一下，希望能帮到你。财务经理必备的能力可以概括为：

（1）制度建设能力：可以组织制定适合企业运作的各项财务管理制度、内部控制管理和考核办法，组织实施、监督、确保企业资产安全、有效的运作，对企业重大财务问题的决策，提出分析建议。

（2）财务预算能力：可以组织编制企业年度财务预算及财务部门的费用预算。

（3）财务计划能力：根据企业经营计划，组织编制各项财务收支及资金计划，实际计划执行情况的定期分析，确保资金供应及时。

（4）财务管理能力：根据年度经营计划组织制定年度成本、费用目标，并进行分解、控制、分析与评价；依据财务管理规定，有效地组织财务管理，确保企业资产安全、完整、保值、增值。

（5）会计核算能力：组织会计核算和账务处理等。

（6）财务监督与考核：建立内部控制制度，组织实施财务监督，确保公司各项业务在受控的情况下运行。

（7）财务分析：根据企业经营活动需求，定期进行财务分析，并提交财务分析报告，为企业决策提供依据，对新投资项目做好财务预测与风险分析。

（8）疏通融资渠道：做好资金筹集、供应和使用管理工作。与银行建立正常的信贷、结算关系，满足企业经营运作的资金需求。

（9）人员管理：负责对公司财务人员队伍的建设、选拔、配备；组织公司财务知识培训、指导、监督员工工作状况，并进行业绩考核；

（10）具有全面的财务知识体系：精通财务、税法政策、运营分析、成本控制及成本核算。

10 Q：要想让自己更值钱，尽快向管理会计转型吧！

A：传统财会和管理会计都是企业发展的重要组成部分，二者缺一不可。传统财会的职能是收集处理会计信息并出具报表，比较注重核算和企业整体盈利，是“向后看”的经营思维。而管理会计本质上是利用会计信息做管理，是对传统财会的核算结果进行进一步加工处理的工作。在操作上，管理会计比较注重企业内部的决策、计划及控制执行并对企业进行成本管理。

相比传统会计，管理会计更关注企业经营细节，目标是企业短期利益的最大化、为企业的经营管理者提出长期发展策略，是“向前看”的经营思维。

管理会计可以强化企业内部的管理，从而能够提升企业绩效。例如管理会计能够通过滚动预算、零基预算等预算方法控制成本，从而更好地考核和激励管理层；此外，管理会计中的作业成本法可以帮助管理层更准确地核算成本，为决策和定价提供帮助，还有助于消除不能给产品和服务带来增值的活动。

管理会计持证者不仅仅具备财会领域的专业知识，更具备了发展的理念、开阔的思维和极强的综合能力，协助企业宏观掌握其财务状况，参与企业管理、规划，并为管理层提供决策支持、为企业带来经验管理的新思路、帮助企业解决危机、提升竞争力。

11 Q：如何做到财务总监？

A：这个学员提了一个非常好的问题，能提问的学员都是善于思考的学员，有思考才会有选择，有选择才会有方向，有方向才会有结果。这个道理不仅适用于会计，也适用于其他的工作及生活。

多数财务总监都是从一个小会计开始的，那么为什么在同样的大学接受教育，若干年后，同班同学发展的情况却大不相同呢？

我觉得作为一个普通会计，首先要把本职工作做好，在本职工作上挖掘潜力，做到极致；其次是多向其他同事学习，争取换岗和轮岗的机会，成为工作的多面手；再次就是要抓紧考取中级会计师、注册会计师证书，未来考取高级会计师证书。

做好工作经验积累和理论知识的储备，一旦机会来了，一定要抓住机会，俗话说，机会都是给有准备的人，一旦错过了这次机会，下次机会还不知道何时光顾！因为太阳不可能一直照在自己的头上。脚踏实地才是王道，无论是工作、学习，抑或是生活。

世界上最容易得到的就是贫穷，无论是物质层面还是精神层面。要想成为富有的人，必须要进行知识的储备和经验的积累，包括物质层面和精神层面。

12 Q：关于工作和玩。

A：最近关心我的朋友圈状态的朋友会发现，貌似我在玩儿，其实我在工作；有时看着我在工作，其实我在玩儿。这也许是工作与玩儿的最高境界，用娱乐精神去工作，没有什么工作是做不好的！

13 Q："自律"很重要，不论工作还是生活。

A：我做财务专家的一个项目，历经十年，十年来大家的变化都不太大，我也是。因为工作关系经常出入高级酒店，喜爱美食的我，面对甜点时，知道自己不能吃多（甜点太容易发胖了，升糖也很厉害），所以经常需要克制，还有各种烤肠、培根……遇到这些食物，我看到的不是食物，而是两个字：自律。此时我一般就悄悄地离开了，这才成就了今天的我。

不自律就是明明知道不能做但还是做了，比如：

（1）私设小金库；（2）收入不开发票；（3）收入不入账；（4）完工产品不入库；（5）销售退回不入库；（6）开车不带驾照；（7）在没有摄像头的地方闯红灯；（8）熬夜；（9）过马路时不走人行横道……太多反面例子了。所以，“自律”真的很重要，今天你“自律”了吗？愿你成为“自律”的人。

14 Q：共享时代，你准备好了吗？

A：今天的时代：学历是铜牌，能力是银牌，人脉是金牌，观念是王牌！国家是盾牌！

当你仍在传统的思维里苦苦挣扎，别人已经开始了用“分享经济学”+“倍增学原理”+“大数据”+“移动互联网+”的思维在奔跑了！改变思维模式是当下所有人需要努力的方向！

改变！改变！改变！你有意识在改变吗？不改变必将被淘汰！

未来普通会计可能会被机器人取代，汽车将实现无人驾驶，司机将被取代，审计助理工作将被机器人取代……

未来每个人都可能成为共享的对象，我的知识被共享了，你呢？你为未来的共享时代做了什么呢？

图1-1所示是3个重要的经济学概念，让你的成长少走弯路。

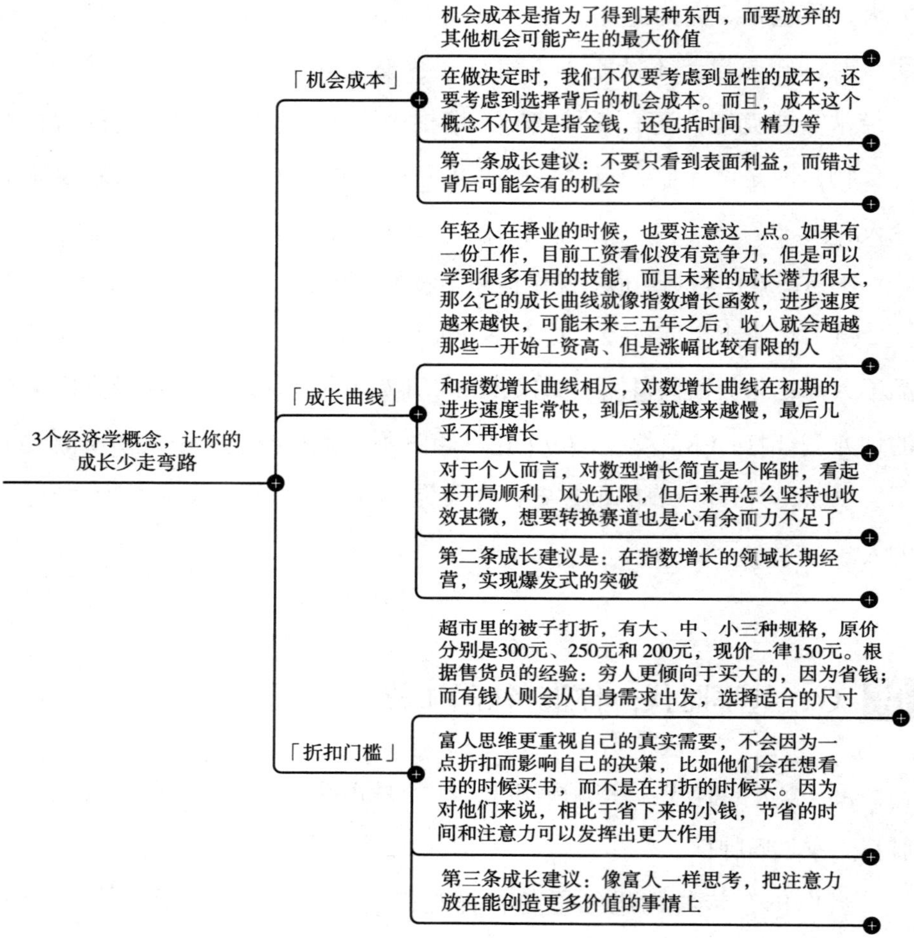

图 1-1　经济学概念导图

15 Q：天道酬勤，你也可以。

A：我从29岁开始参加各种类型的专业考试，第一个考过的就是注册会计师，而且值得骄傲的是一次性通过！

众所周知，中国注册会计师考试是最难的考试之一。考试准备期间，我的孩子还在上幼儿园，我还要工作，当时是把所有可以利用的时间全部利用上，有时间就看书复习，没时间看可以把重要的内容录制下来，手里干着活的时候，边干边听。

记得考试那年是4月报名，10月考试，考试前尽全力，考试时听天命。当你竭尽全力时结果往往都是好的，我就这样顺利拿到了注册会计师考试全科合格证。有了这次考试的经验，我开始感觉考试是非常愉悦的事情，既可以学到知识，又可以取得证书，增强信心。

后来我又参加了注册资产评估师、注册税务师（2014年更名为税务师）、证券投资分析师的考试，全部是一次性通过。再后来又顺便考了中级会计师，再加上在高校里的讲师，也就凑齐了“六师”，我在36岁前拿到了可以说是中国财经类的所有相关证书。

考试对于我来说是一种享受，学习有方法，记忆有技巧，考试有秘诀，一切学习考试都是愉悦的。

我把六个证书称作“六炸”，相当于打牌中的四个2，两个王，自带“炸弹”，不服你来！利用这些专业知识处理目前的工作，可以说游刃有余，顺便还可以做家庭财务规划、家庭理财。收获嘛，你懂的！

在播种的季节千万不能偷懒，收获的季节才会硕果累累。

希望报考注册会计师考试的你，不要给自己没时间学习找任何理由，天道酬勤，祝你如愿以偿！

16 Q：相信不断努力的你，会更优秀！

A：经常有人问：你说你是联合国什么的财务专家，好“高大上”，有点好奇。

我可以自豪地回答你：是的！更详细点应该是联合国工业发展组织

（UNIDO）的财务专家。

这个项目与环境有关，为保护臭氧层，中国于1987年加入保护臭氧层的《维也纳公约》，并于1991年加入《蒙特利尔议定书》。在《哥本哈根修正案》中有中国的承诺，该承诺是否严格履行，需要联合国工业发展组织（UNIDO）对相关项目进行核查，我就是这方面的财务专家。当然，几十页的报告全部是英文，这对于我也是极大的挑战，好在我战胜了困难。这个项目已经做了10年，至少说明我的专业已经被联合国工业发展组织（UNIDO）认可。

还有人悄悄地问：是您找的他们，还是他们找的你？

请问如果我去找他们，他们会理我吗？当然是他们找的我。

那又有人问：他们怎么找到的你？虽说机缘巧合，但是关键时刻，我的"六炸"专业证书起了很大的作用。

我利用自己的专业，走向了世界！相信不断努力的你，会比我更优秀！

17 Q：钱是花出来的，不是省出来的。

A：生活中钱不是万能的，但没有钱是万万不能的，如何让自己的财富保值增值，很多人的理念是省、省、省。我之前也是这么想的，不靠省，怎么攒钱？经过了风风雨雨，我突然理解了一句话：钱是花出来的，不是省出来的。

比如：你请客户吃饭，表面上看你在花钱，但如果生意谈成了，是不是可以挣钱？

你请朋友吃饭，表面上看你在花钱，而后朋友也会请你吃饭，是不是增进了彼此的友谊，关键时刻可以帮你。

你出国旅游，表面上看你在花钱，但通过旅游，你增长了知识，开阔了眼界，为成为更好的自己打下基础。

你出国留学，表面上看你在花钱，实际上你完成了学业，为今后的发展做好充分的准备，未来可能多挣好多钱。

你购买知识课程，表面上看你在花钱，实际上你节约了时间成本，为自己的未来得到更好的发展做好了准备。

吃些好的，表面上看你在花钱，实际上你身体变好了，少得病，实际上就是在省钱，所以，菜一定要买最好的，千万不要买临期处理的。相对于物品，只要功能达到了，没必要为了别人的眼光或评价，或为了满足自己的虚荣心，花大价钱。

一辈子不长，对自己好一些。投资独一无二的自己是对自己的最好奖赏，要想让别人投资你，首先你要投资自己。无论是你想找个优秀的另一半、找个高薪工作，抑或是创业做合伙人，如果想当“老大”就更需要投资自己。

行家指路，少走弯路。投资自己，做最好的自己。

18 Q：成功的沟通不是攻下一座山，而是播下一颗种。

A：播下的种子，要想让它发芽，则需要天时、地利、人和。

天时——恰当的时机，冬天播种，很难成活，“恰当的时间说出恰当的话”对于审计访谈非常重要。

地利——场景决定成败，合适的场景决定是否能发芽，比如在家发黄豆芽，需要放在温暖的地方。适合的场景才有利于沟通顺畅。

人和——成功的关键所在。没有干不成的事，只有干不成事的人，将自己融入在事件中，而不是作为一个旁观者，此时你就是智者。

《孟子・公孙丑下》有言：“天时不如地利，地利不如人和。”

《孙膑兵法・月战》有言：“天时、地利、人和，三者不得，虽胜有殃。”

审计沟通，需要好好把握天时、地利、人和。

19 Q：不要小看这一点点。

A：相信很多人都见过这个理论，1.01的365次方=37.783434332891；1的365次方=1；0.99的365次方=0.025517964452291。1.01=1+0.01，也就是每天进步一点，1.01的365次方也就是说你每天进步一点，一年以后，你将进步很大，远远大于“1”；1是指原地踏步，一年以后你还是原地踏步，还是那个“1”；0.99=1−0.01，也就是说你每天退步一点点，在一年以后，你获得的成就将远远小于“1”，远远被人抛在后面，将会是“1”事无成。

不积跬步无以至千里，不积小流无以成江海！

站在不同的高度，会看到不同世界，带来不同的感受，做出不同的决定，产生不同的行动，得到不同的结果。

每天进步一点点，快乐就多一点点！

20 Q：有人问：“在行”财务“单王”你是怎么做到的？

A：这个称呼要感谢范秦老师，范秦是“在行”9.9分行家，这个称谓始于我们的一次交流。

我是做财务的，不怎么懂互联网营销，也没怎么做过所谓的推广，只是跟着感觉走，因为我们的专业太小众化了，做全面推广，很难有什么效果的。

我是2016年9月在“在行”成为行家的，虽然在自己的专业领域工作得比较出色，但在“在行”还是一名新兵，你再优秀，没人认识你呀！我算是自学成才，看前辈们都在开什么课，再结合自身优势，挖掘潜力，不断修改文案。有时想到一个点子，半夜也会爬起来，马上找笔纸写出来，生怕灵感会忘掉。经过我的不懈努力，目前在“在行”有7个话题。我的做法是可以让更多的人看到我，也就是扩大端口，“漏斗”式营销，在“在行”的界面上创业和投融资、职业规划、行业经验、理财规划方面都可以看到我的身影，有的学员是通过“IPO”关键词找到我的，有的是通过“财务报表”关键词找到我的，有的是通过“注册会计师考试”关键词找到我的。我有经验，有理论，有耐心，只要你愿意学习，相信我一定可以帮到你，助你成长、助你成才。我的课程“创业投资让非财务出身的高管秒懂财务报表”也从最初的99元到目前的1 198元，且仍然是需求旺盛。古希腊著名物理学家和数学家阿基米德曾说，“给我一个支点，我可以撬起整个地球”；我要说，给我一个起点，让我带你在财务的海洋里纵横驰骋，肆意遨游！涨价的目的是筛选高端客户、真正有需求的客户。记得我在做99元推广时，有个学员来找我学习，不带本子，不带笔，这样的学员我建议不要浪费你的钱，同时也不要浪费我的时间。真心希望我的学员在经过交流后都有所收获。找我咨询“如何快速通过注册会计师”考试的学员，希望你们努力，加油，我等着看你们的好成绩！

我未来的目标是：躺在沙滩上吹海风、晒太阳，同时上着“在行”微信课！

哈哈，梦想还是要有的，万一实现了呢？

21 Q：团结协作才能成就彼此——斗地主引发的思考之合伙人。

A：斗地主是一种扑克牌游戏，很多人喜欢玩，我也是。经常感慨游戏如人生。

斗地主中最怕的是什么？牌不好？不对，这只能怪自己运气不好。

其实最怕的就是“猪队友”，怎样定义“猪队友”呢？体会有三：

（1）舍不得出大牌，给自己留一手；

（2）不在线，被托管，根本帮不上忙；

（3）关键时刻出错牌。

经常斗地主的你是不是有同感？这也引发了我对创业合伙人的思考。

在大众创业、万众创新的年代，几个志同道合的人在一起，开个有限责任公司，开始了创业历程。有的公司开着开着就散了，当然公司经营不下去，原因有很多种，其中之一就是没找对合伙人。合伙人要具备的素质包括但不限于以下三点：（1）勇于冲锋陷阵，哪怕自己利益有暂时损失；（2）工作一定要尽职尽责，不能敷衍了事；（3）工作中要有默契，智商不能太低。

工作中团结协作，才能成就彼此！祝你找到好的队友，找到适合的合伙人！

22 Q：听说8月可以报考税务师考试，目前正准备初级会计师考试，适合再报考税务师吗？

A：税务师考试难度，相当于中级会计师偏上，根据你目前的情况，报考通过的概率较低，为了不打击自己的自信心，我建议你循序渐进，把重点放在初级会计师考试上，有余力再学习一下税务师的相关课程。毕竟税务师也是5门课程，等知识融会贯通，再去报考，一次性通过，不花冤枉钱，才能效率最高。

23 Q：为什么你的考试成绩离通过只差那么一点点？

A：为什么考试完了，别人问你考得怎样，你说还行？

为什么明明根本不可能通过，你还抱着侥幸心理？

……

原因是你对知识的掌握是不清晰的、混沌的。任何一门课程做到胸有成竹，考过是必然的。考前问问自己，我做到胸有成竹了吗？

最近思维导图比较火，突然发现，20年前我的思考方式就是用思维导图，这也是我逢考必过的原因。用思维导图做笔记，可以做到点、线、面的全面结合。有考试计划的同学可以参考一下。图1–2是我自己研究的家庭现金流量表（部分）供参考。

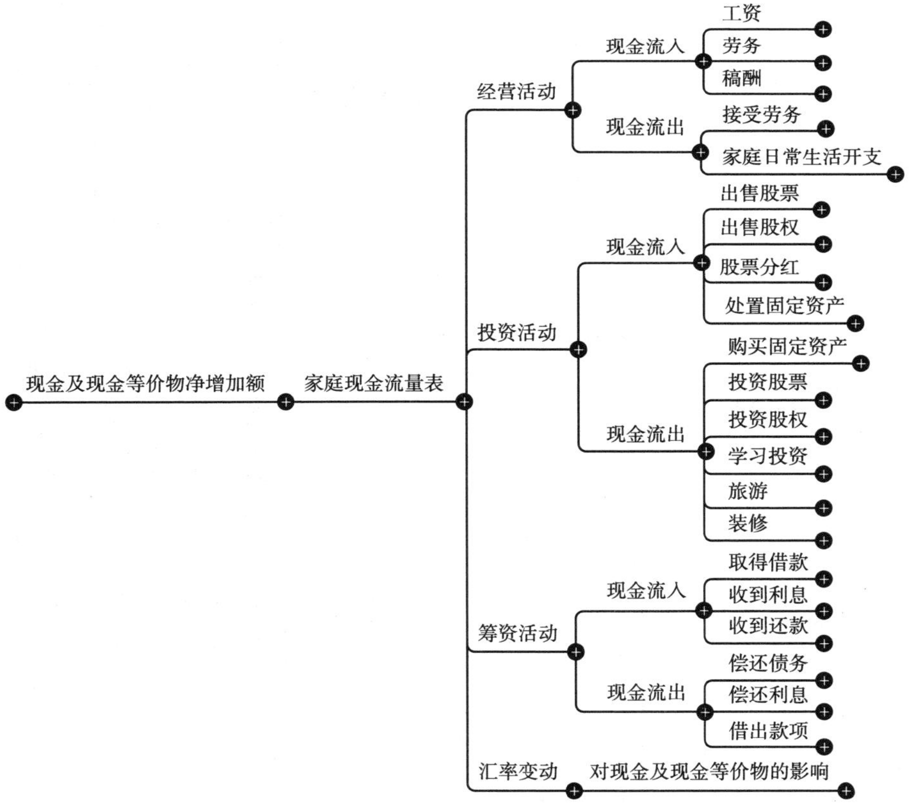

图1–2　家庭现金流量表（部分）

要想考试必过，从做笔记开始！

24 Q：有效学习，高效工作，快乐生活！

A：学习能力可以说是当今社会竞争中至关重要的能力。从长远来看，你自己，你所在的公司，唯一可持续的竞争优势，就是比对手更好更快的学习能力。如何突破学习障碍，拥有持续的竞争优势？图1-3、图1-4是我做的思维导图笔记，供参考。

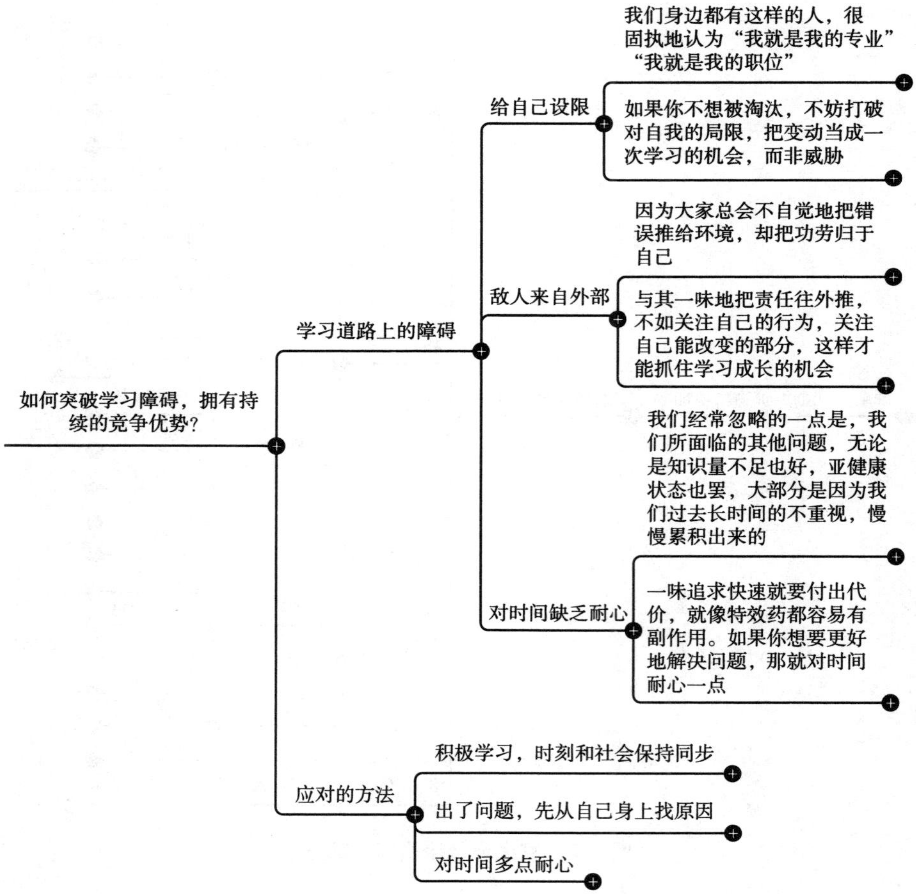

图1-3 如何突破学习障碍的思维导图

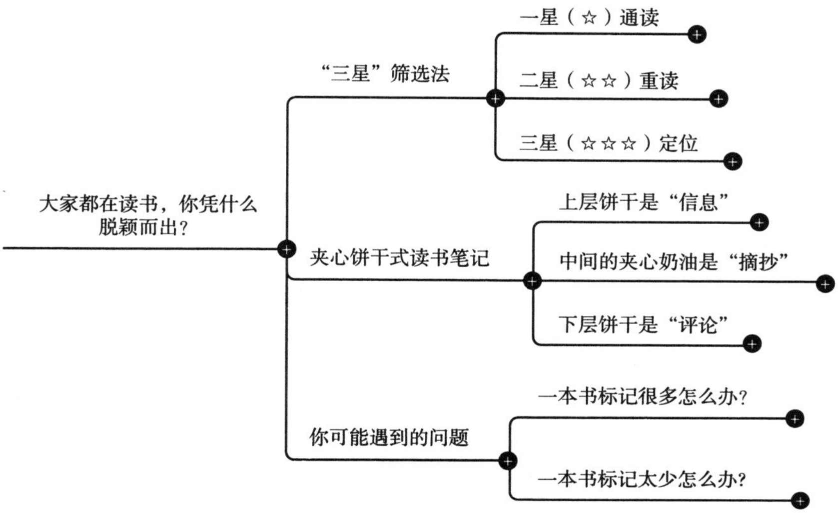

图1-4 读书方法

25 Q：拆掉心墙、搭建心桥、主动过桥才能达到共赢。

A：你卖产品给客户，貌似你在赚钱，他在花钱；你提供服务给客户，貌似你在赚钱，他在花钱；你请朋友帮忙，貌似受益人是你，朋友在浪费精力、浪费时间……表面上看都是你在赢，别人在“输”，这样的“交易”怎么能持久呢？

共赢才能持久，这是不争的事实。如何能达到共赢呢？团长的思维导图（见图1-5）也许可以帮到你。

争来争去，你赢了吗？

跟顾客争，你争赢了，顾客走了！

跟同事争，你争赢了，团队散了！

跟老板争，你争赢了，平台悬了！

跟家人争，你争赢了，亲情没了！

跟朋友争，你争赢了，朋友少了！

跟谁争，争赢都是输，不如跟自己争，

把自己做大做强！自己才是真正赢家！

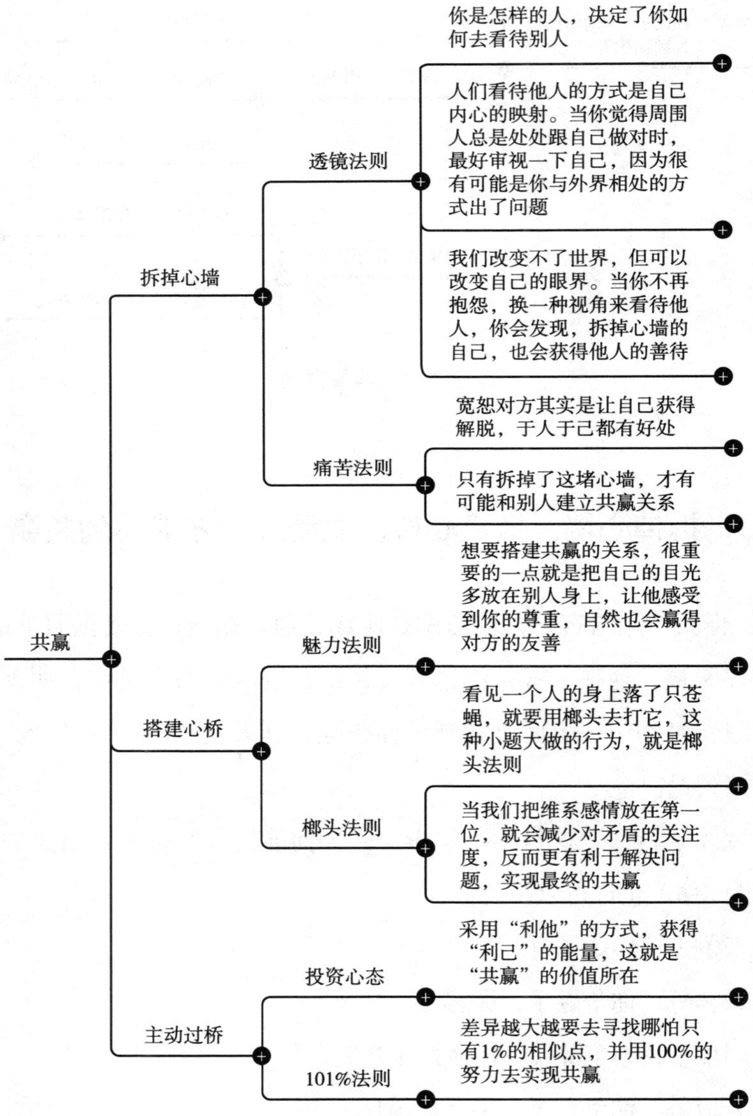

图 1–5　共赢的方法

26 Q：做会计还是做审计？

A：这是个非常好的问题，很多人，特别是刚刚毕业的学生都很纠结。其实，只要你足够优秀，随时可以自由切换。会计工作比较墨守成规、按部就班，接触的人和事比较有限。审计工作，特别是在会计师事务所，随时都有新鲜事物，挑战无处不在。你喜欢什么就去做什么，不想做就换个工作，但需要你足够优秀。

27 Q：你还是那个只会做记账凭证的会计、只会做抽凭的审计人员吗？

A：不学习你将面临失业！让我们看看，正式上岗的德勤财务机器人，能完成多少工作！

现如今，德勤智能机器人中心已经与多家企事业单位建立合作，提供财务自动化流程解决方案。机器人为财务部门的工作带来效率的提升，帮助财务人员完成大量重复规则化的工作。

（1）三四个小时完成一个财务人一天的工作。据了解，德勤智能机器人可以将财务人从重复劳动中解放出来。现在只需要财务人员把增值税发票放入扫描仪中进行扫描，剩下的工作全部都由“小勤人”完成。配合OCR技术和Insight Tax Cloud发票查验云助手，不到一分钟的时间，“小勤人”已经成功查验了一张发票并在Excel表中登记了结果。

然后财务人员将增值税发票移送税务部门，税务人员会启动“小勤人”，让它自动去发票选择确认平台下载增值税发票批量勾选文件，再根据刚刚登记的发票清单去匹配，自动判断我们是否可以认证抵扣。“小勤人”会把需要勾选的发票整理成批量勾选上传文件，再导入到发票选择确认平台中，就可以抵扣进项税啦！

一个“小勤人”三四个小时就完成了财务人一天的工作。

（2）开票效率提升75%！引入“小勤人”之后，通过机器人流程自动化技术的运用，提高了财务部门人员配置的合理性和有效性，达到了人力资源和工作强度的“削峰填谷”。原有的开票人员可以从机械的劳动工作者角色，转变成机器人的管理者，原有的大部分开票操作都可以交给机器人自主完成，他们只需要负责等待发票打印完成、审核盖章即可。预计每个开票流程可由20分钟缩减到5分钟，每天缩短每个FTE（全职人力工时）6小时的工作时间（75%效率提升）。此外，月末关账的峰值时段，机器人的7×24不间断工作，能够很好缓解财务人员的工作压力。

（3）往来结转和盘点新玩法，1天做完40多人的工作！

未来想不被取代，只能不断提升自己，要想让自己更有钱，必须让自己更值钱！你不投资自己，还有谁会投资你？用服装武装自己的外在，不如用知识武装自己的头脑！

机器人已经来了，你做好准备了吗？

28 Q：你跟上时代的脚步了吗？管理会计时代已经来临！

A：2023年考完CPA考试时，各种评论吐槽刷屏朋友圈，细心的网友发现，朋友圈里很多财务人表示，这次CPA中的财管考试，有好多管理会计的题。

仔细观察近期CPA财管考试不难看出，管理会计的考查比例明显升高，在财管考试中，现金预算、结合投资的算法、本量利＋生产决策、平行结转分布以及对外部融资额、报表预测、融资租赁等知识点的考查，基本都是管理会计的内容。

如此大比例地考查管理会计知识，这在往年的CPA考试中是不曾有过的。这也充分体现出，2016年末财政部发布的《会计改革与发展“十三五”规划》中将管理会计列为“行业急需紧缺人才”，并计划进一步全面推进管理会计体系建设所发挥的关键作用，大势所趋，管理会计的时代已经来临。

记得我当年在物资部烟台培训中心给物资部行业做财务培训时，就讲过本量利分析，在采购成本、运输成本、保管成本中如何找到最佳平衡点，并举例说明，课程非常受欢迎。

实际上这些方法我们每天都在用，不是吗？你从某购物网站买东西时，商家说买3件以上包邮，你是不是也会为了节约运输成本而囤货呢？把这些管理会计的知识运用到工作中，给企业节约成本，带来效益，才能最大限度地体现自己的价值。

时代在进步，你跟上时代的脚步了吗？

29 Q：这可能是很多人奋斗的目标。

A：管理收入，计划支出，你做到了吗？

首先看你的钱都花在哪儿了：

（1）老妈身体不好，买了进口保健品；

（2）老公很忙、很累，买了进口红参；

（3）自己喜欢首饰，看到喜欢的会入手；

（4）孩子还小，才半岁，未来会需要教育支出；

（5）未来5年想换房，想到孩子上学的时候住得离学校近一点……

貌似每笔支出都必须花，其实未必。

花钱是个人的事，你可以随心所欲，也可以有计划，有规划，特别是未来五年想换房，如果不规划，目标很难实现，除非天上掉馅饼。这里我建议你用财务报表中的现金流量表思维方式指导自己的支出，即把现金流分成经营活动、投资活动、筹资活动。每项收入对应所属支出，自己定的规则要严格执行。另外，身体不仅需要保健品，更需要健康的生活方式，如运动、休息……不要用保健品“支撑”自己的健康。五年之后的现金流应该用资金现值和终值的理念去指导今天的投资和资金规划。

这个世界上从来不缺钱，缺的是思想；身体的家是有限的几十平方米、几百平方米；心灵的家可以是针鼻也可以是湖泊；思想的家可以是眼前的事物抑或是浩瀚的世界……有思想终将有钱，没思想有钱也会终将没钱！

30 Q：生活当中很多事情是比较容易做到的，但“坚持”这件事你能做到吗？

A：读书，你坚持了吗？考试，你坚持了吗？锻炼，你坚持了吗？

所谓成功，不过就是复杂的事情简单做，简单的事情重复做，重复的事情坚持做罢了。我的月度运动报表，说明了我的坚持。虽然这件事情对我来说并不容易。定投健康，我把它称作生命的延长线。任何事情只要坚持，没有什么不可以！半途而废的人太多了，急功近利的人太多了，只要你能坚持，定能脱颖而出！你是在坚持做毁自己的事情，比如坚持懒惰？还是在做让自己变好的事情，比如坚持勤奋？只要坚持，你也可以成为自己喜欢的样子！无论是学识、工作，抑或是身材……

为自己加油，为你加油！

31 Q：任何一个团队的资源都是有限的，资源应集中到哪里？

A：既然已经“不适合”，那就应该及时止损。

选错一个培养对象，培养费时费力，最后还不能成才，浪费公司资源，也耽误了“培养对象”。因为“培养”提高了他的期望，而他自己的成长又没有达到团队的期望，这样一个本来能够扎扎实实做好一些具体工作的人，现在变成两头不靠——既回不到过去做具体工作，也成不了管理人才。

当然，也要看你是怎么培养他的——也可能存在方法上的问题。一些有潜力的人在工作的初期往往看起来很幼稚，他们需要经历和时间来丰富自己，慢慢走向成熟，才能真正胜任管理岗位，而不是所谓的快速培养就能够解决问题的。

最后，我觉得还需要思考几个问题：（1）你对他的期望是不是合理？人的成长是需要过程的，如果你的期望过高，可能脱离他的实际情况而觉得他不合适。（2）他的努力与进步是不是显而易见的？如果看不到他的努力与进步，所谓的“成长”就是空谈。（3）他的心态是否保持积极进取，还是已经被你折腾得“死去活来”？如果他已经没有了斗志，那就暂时放他一马吧。

32 Q：你忙吗？你怕吗？你自大吗？你比别人差吗？中国的汉字告诉你原因。

A：忙。

一忙，就把心给丢了。“忙”字，“心”“亡”为“忙”，指人一忙，“心”就丢了。一个行色匆匆忙着的人，往往是一个无“心”之人。忙中出错、忙中出乱，因为忙着忙着就把“心”给丢了。一个不带着“心”、无“心”做事的人，如何不会犯错出乱？

怕。

恐惧，是因为内心空虚。“怕”字，由“心”和“白”构成。什么人才会怕和恐惧？就是那些内“心”一片空“白”的人，即内心空虚之人。那么怎样才不会害怕、不会恐惧？当他懂得不断地用学习、工作、事业、理想、信念和爱来填充自己的内心，去驱走内心的空虚，让自己充实起来，自然也就不会怕、不会恐惧了。

夸。

“夸”字，上面是个“大”，下面是个“亏”，可以这样理解和解释——一个自大的人，最终是要吃大亏的。一个自大的人，必定是在用他的自大来掩盖他的无知和无能。一个不知道用行动去改变自己的无知和无能，而是用自大去掩盖的人，那只能永远无知无能下去，最终必定会在不断地膨胀和越来越莽撞中，吃大亏。

劣。

差人一等，是因为比别人少出了力。人生的优劣，不全是由先天决定的，而很大程度上是后天形成的。汉字“劣”的构造就很有意思：什么是“劣”呢？“劣”就是比别人“少”出了“力”。你比别人差，不是本质就差、生来就差，而更多是后天懈怠、懒惰，不肯比别人付出更多努力的结果。你的付出和努力，决定着你人生的优劣。

千里之行，始于足下。路，就在各自的脚下。

33 Q：30岁的部门主管，在职业发展的转折点，如何选择？

A：老公司组建了新的团队，开展新的业务。新公司是一个上市公司，经营互联网业务。遇到这种情况，你怎么选择？

我的理解是：留在老公司也未必能升职，因为这取决于你的工作业绩、工作能力、自身素质提高的速度以及相应的升职职位是否空缺；相对于老公司，新公司业务是全新的，需要从头开始学习（新公司目前有比较便捷的途径可以进入，正常情况下进入的可能性没有把握），但平台比较大，也比较稳固，如果你有足够的能力可以把握住机会，未来发展前景还是很广阔的。

两家公司，谁更吸引你？这里有个“吸引力法则”。你相信什么，就会吸引到什么，这叫心想事成。你怀疑什么，什么就会与你擦肩而过，这叫不信则无。你抱怨什么，什么事就会在你身上发生，这叫怕什么来什么。很多时候面对机会和挑战，你相信能与不能都是对的，结果就会像你相信的那样，这叫意识决定了结果。

吸引力法则告诉我们，相信就是力量！

世界那么大，你还很年轻，为什么不去更大的平台展示自己呢？

34 Q：你的学习效率高吗？你的工作重点对吗？思维导图可以帮到你。

A：思维导图又叫心智导图，是表达发散性思维的有效图形思维工具。它简单却又很有效，是一种实用性的思维工具。思维导图运用图文并茂的技巧，把各级主题的关系用相互隶属与相关的层级图表现出来，把主题关键词与图像、颜色等建立记忆链接。

思维导图是一种将思维形象化的方法。我们知道放射性思考是人类大脑的自然思考方式，每一种进入大脑的资料，不论是感觉、记忆或是想法——包括文字、数字、符码、香气、食物、线条、颜色、意象、节奏、音符等，都可以成为一个思考中心，并由此中心向外发散出成千上万的关节点，每一个关节点代表与中心主题的一个连结，而每一个连结又可以成为另一个中心主题，再向外发散出成千上万的关节点，呈现出放射性立体结构，这些关节的连结可以视为我们的记忆，就如同大脑中的神经元一样互相连接，也就是我们的个人数据库。

思维导图可以让你的学习更高效，工作重点更突出（见图1-6）。

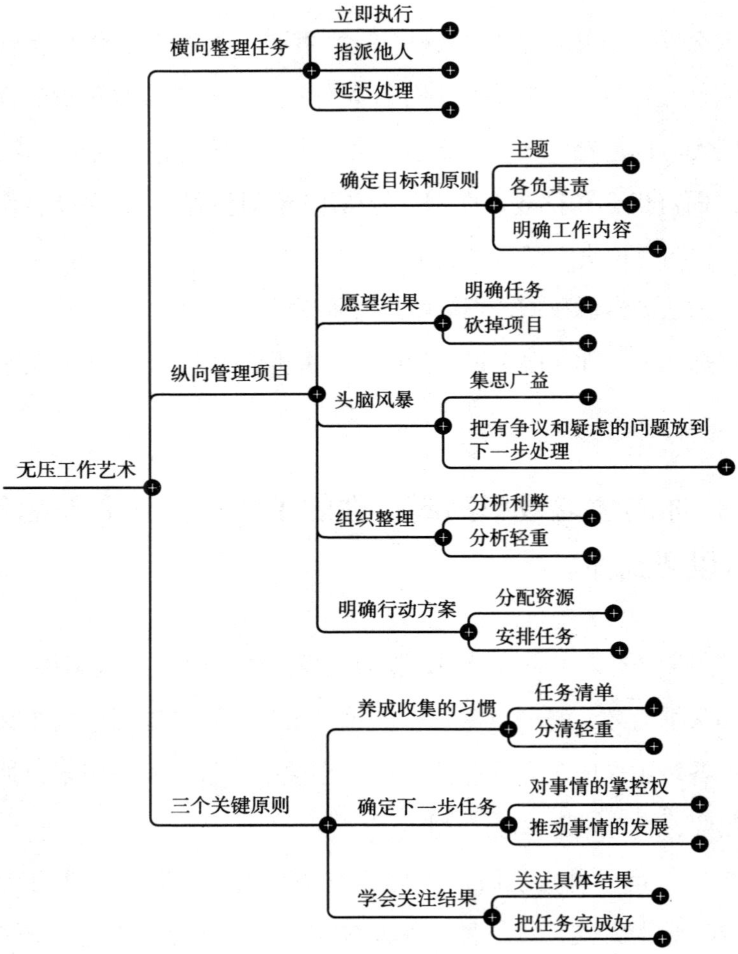

图1-6　无压工作艺术

35 Q：每只公鸡都认为，早晨的太阳是被它叫醒的，这就是“公鸡理论”。

A：如果全世界公鸡都灭绝了，明天的太阳依然会从东方升起。

如果将自己视作叫醒太阳的公鸡，则是无知与自大，在这个世界就会被排斥，被排斥就会自觉渺小。只有脚踏实地才不致看轻自己，自认为伟大只会变得无知与自大，这才是所有痛苦的根源！

36 Q：未来已来，作为财务人，你做好准备了吗？

A：从凭证防伪查询、审核、编制记账凭证、对业务进行分类，凭证粘贴、凭证分类、凭证汇总、凭证月末装订成册，以及出具93张内外部财务报表、做财务分析、将本期数据与上年同期进行比对分析、本期同项进行分析……它全部可以搞定，而且不怕加班、不用吃饭、不需要支付五险一金，不需要……这就是财务机器人。

机器人已经通过全国医师考试，成绩位居全国考生前5%，全科医生将被机器人取代；机器人可以做28种语言的实时翻译，将取代普通的翻译人员；机器人通过了国家司法考试，掌握的法条，比普通律师多得多，打官司可以找机器人咨询……

未来已来，作为财务人，你做好准备了吗？

37 Q：劳心者治人，劳力者治于人！

A：职场中的每个人都希望把工作做好，很多人不惜加班加点，用体力透支代替脑力。

工作做不好，被老板批评，和同事闹僵，说明你的能力没达到。特别是公司的中高管，起的是承上启下的纽带作用。

下面的能力你具备吗？

（1）解决问题时的逆向思维能力；

（2）考虑问题的换位思考能力；

（3）强于他人的总结能力；

（4）简洁的文书编写能力；

（5）信息资料收集能力；

（6）解决问题的方案制定能力；

（7）超强的自我安慰能力；

（8）岗位变化的承受能力；

（9）勇于接受分外之事；

（10）积极寻求培训和实践机会。

出现问题不要怨天尤人，还是从自身找找原因吧！相信通过自己的查漏补缺，你一定能成为职场达人！

38 Q：凤凰涅槃，你就是赢家！

A：“你是谁？你从哪里来？你要到哪里去？”这个哲学问题经常困扰着我们每一个人，今天我们聊聊作为审计人“你是谁？你从哪里来？你要到哪里去？”

（1）审计的跨界——专科医生VS全科医生。

我们每个人都需要一个全科医生，当身体出现小恙时，和全科医生沟通，可以及时把问题消灭在萌芽状态，让身体维持健康状态。可惜现在这样的全科医生太少了，目前社区建立了家庭医生制度，是一对多的模式，当病人遇到问题时，很难得到一一解答，有些问题也可能是他们专业领域范围之外的，所以要想把家庭医生培养为全科医生任重而道远，毕竟有能力的医生绝大部分都在三甲医院。

作为一个企业，同样需要一个“经济全科医生”，企业的供产销、人财物都有专门的部门和人员进行管理，当出现问题时，互相推诿、责任不清、不勇于承担责任、事不关己高高挂起，站在自己的角度看问题……这类情况屡见不鲜，我们可以把他们比喻为“经济专科医生”。专科医生多数是头疼医头、脚疼医脚，而“经济全科医生”可以从企业宏观出发，立足公司发展战略，并且在提出建议和意见时，不会和其他部门发生利益关系。这个“经济全科医生”就是内部审计。

内部审计独立于其他部门之外，具有一定的独立性；内部审计人员知识面广，可以给企业做全面诊断；内部审计提出的意见和建议具有一定的高度和全局性，可以为企业的发展和战略目标的实现保驾护航。

全民需要全科医生，企业也需要经济的全科医生——内部审计。

（2）审计人的制胜法宝——识变、应变、图变！

作为审计人，工作常态是下客户，面对面沟通；疫情时，下客户有一定实现难度。不能下客户就不工作了吗？不能面对面沟通就没有其他途径了吗？武钢审计给出的答案是：不！

他们识变：认识到事态的变化，工作不能等；他们应变：制定计划，推进整改落实，提升自身专业水平；开展审计和法务管理对标；他们图变：开展非现场审计模式。

关键时刻，你在等，他在做，差距就是这样慢慢形成的。

生活中我们遇到的困境非常多，如果我们能在困难之中不断突破自己，那就是收获。最怕的就是在面对困境的时候自暴自弃、产生焦虑，荒废了大量的时间，所以疫情本身不可怕，最可怕的是自我荒废。

“效率最慢的行为就是想，效率最快的行为就是干”，识变、应变、图变，变中学，变中做，变中变！

（3）审计人补短板——沟通的玄机。

成功的沟通不是攻下一座山，而是播下一颗种。播下的种子，要想让它发芽，则需要天时地利人和。

“天时”：恰当的时机。冬天播种，很难成活，恰当的时间说出恰当的话对于审计访谈非常重要。

“地利”：场景决定成败，适合的场景决定是否能发芽，比如在家发黄豆芽，需要放在温暖的地方。适合的场景有利于沟通顺畅。

“人和”：成功的关键所在。没有干不成的事，只有干不成事的人，将自己融合在事件中而不是作为一个旁观者，你就是智者。

审计沟通，就是要好好把握天时地利人和。

（4）审计人的亮剑——要想“服众”必须“出众”。

人的眼耳鼻舌身意，对应的是色声香味触法。

怎样才能出众？需要练就十大技能，即“胆”“心”“肩”“脑”“眼”“耳”“鼻”“口”“手”“脚”。

（5）审计的担当——企业需要吹哨人。

《黄帝内经》的理论是未病先治，这个理论适用于人，同样也适用于企业。吹哨的最好时机也是“发现苗头，及时控制”。吹哨的对象有三点：领导关心的重点、管理的难点、员工热议的焦点。

世界需要吹哨人：在所有的吹哨人中，关乎普通人切身利益者，尤其会得到大众的尊重。医疗界的吹哨人可以挽救人的生命；经济界的吹哨人可以挽救经济危机；企业的吹哨人——内部审计可以维护企业的健康发展。他们都是另一种声音，世界需要不同的声音；他们都是勇敢逆行者，不为私利，只为公德！企业需要吹哨人，内审人是责任担当。

吹好哨，预好警，把好关，内审人不辱使命，任重道远！

39 Q：学会借力，成就审计人生。

A：人无完人，要想达到目标，就要学会善于“借力”，之后你将所向披靡。

向自己的潜力借力，做最好的自己；向营销借力，将思想转化为生产力；向现场和一切内行借力，提升工作效率；向企业文化借力，正能量是最大的助力；向决策层借力，将成果迅速转化为生产力。

财务人员为企业提质增效之路需要借力，实现业财融合。做好业财融合，财务人员要在思想上和行为上，转变观念和职能，不断提升沟通能力、学习能力，成为一名跨界的复合型人才。多和业务部门交流，成为业务部门的经济良医，协助企业在生产组织计划的制定、产品营销的定价，以及产品盈利能力分析等经营决策中，为企业提升核心竞争力保驾护航！通过信息化手段，将财务工作嵌入采购、研发、生产、销售、客户服务和综合管理等业务活动。为业务提供适用的预算、核算、成本、绩效、投融资、风险管理等财务支持。

业财融合，相互借力，助力企业发展和自身价值的提高。学会借力，他山之石可以攻玉。

荀子说：“假舆马者，非利足也，而致千里；假舟楫者，非能水也，而绝江河。”大概意思就是借助于车马的人，不必自己跑得快，却能远行千里；借助于舟船的人，不必自己善水性，却能渡江河。

怎样才能借到力？我认为有以下几点：

（1）认清自己，看到不足。人们常说，认识自己是为了更好地改进自己，提高自己。但是由于人本身的局限性，有些不足改进起来非常困难，有些能力是无法提高的。有人因为改进困难，久久不能提高而灰心丧气，最终导致失败。但是有些人也有同样的不足，他们却取得了成功。并不是他们克服了自己的不足，而是他们看到了自己的不足，然后借助他人在这方面的长处从而取得了成功。他们借力使力，取他人之长补自己的不足，最终赢取胜利。

成功者最大的特征就是善于借力。在这个分工越来越细化的时代，任何一项工作的完成，除了靠自身的能力与不断的努力之外，还需要懂得借助他人的力量。闷头干活做自己最后很可能被自己的思维所局限，借力其实就是打造双赢的局面，改变自己，突破自己。

（2）提升自己，借力助力。

无论是借他人的力，还是被他人借力，首先都要自身有能力，才有借力和被借力的价值。“牛人”的杀手锏就是借力思维。“君子生非异也，善假于物也。”“好风凭借力，送我上青云。”凡成大事者，都是借力的高手。敢借、能借、会借、善借的人，自然借出了一片新天地！

当今时代，我们更要擅长借力。比如，你可以把记忆能力外包给搜索引擎，把协作外包给网络，把体力外包给机器。如果有一天机器人比人还好用，你可以借力机器人来做大量的工作。不借力、不合作，单兵作战已然不能胜任当今市场发展的要求。

一个人的精力是有限的，但是知识是无限的，有很多别人具备的技能是短期学不来的。每个人都不是万能的，每个人都有长处和短处，但是每个人都有成功的可能。这就需要我们用自己的长处交换别人的优秀之处，来弥补我们自身的短板和缺点，互相借力，以此来提升自己的能力并且共同取得成功。但借力成功的前提条件是你自己原本就有“力”，你原本就值得别人信任。

（3）悟到才是真正的借到力。

《天道》中芮小丹说：“只要不是我觉到、悟到的，你给不了我，给了我也拿不住。觉到悟到，我才有可能做到，能做到的才是我的。”

看完《天道》，你会明白，这个世界上如果有救世主，那必定是你自己，向自己的潜意识借力，真正能救你的只能是你自己。相信你可以借到力，别人也会帮到你、影响你、引导你，但却不能决定你的兴衰荣辱。

阿基米德曾说：给我一个支点，我就能撬动地球。

40 Q：系统思维成就人才，单一思维或是庸才。

A：不是世界变化太快，是你的心不够明白。

在没有数据、数据稀缺或者数据处理代价比较高的时代，人们习惯于在经验驱动的逻辑框架中，用经验预设简单维度（很多时候就是长期形成的“下意识”），在简单的线性关系中寻找规律。但在万物互联的大数据时代，数据的获取、存储和处理不再是制约思维的桎梏，“复杂系统也变得可描述、可量化、可溯源”，“一切皆可量化，表面上看似不存在的数据，其实也是有迹可循的”。

过去数据分析时的盲点，也就是大数据时代的突破点，这个时候拥有系统思维很重要，要有足够的观察、足够的理解及数据收集。

（1）用系统思维量化一切。

系统是由一组相互连接的要素构成的，能够实现某个目标的整体。任何一个系统都包括三个基本构成要件：要素、连接、功能或目标。数据化的时代，一切由数据分析指导生产和销售，直觉固然重要，但数据更科学更精准，我们相信科学，更依靠数据支撑企业管理和市场决策。

用系统思维量化一切，任何事物都是对立统一体。从思维的角度看量化，那是分布式、碎片化，而系统思维则是中心式、整体化的。用系统思维量化一切，是一种高级的思维方式，量化思维是在进行整体、全局认识时的一种境界标准。用数据说话，并不仅仅是指用数据表达的一种方式，而是思考、认识问题时一种应该遵循的客观、真实、有效法则。

系统思维，就好比高手下象棋，有的棋手走一步看一步，有的棋手走一步看几步，有的棋手走几步看到了结局。这就是系统思维！

（2）你是知道有、知道用、懂得用数据的人才，还是跟着感觉走想当然的庸才？

新的数据运用能力与数据思维，需要具备对数据战略的想象力和撷取数据的能力：

有足够高的眼界，“知道有”这些数据的存在。比如销售，你需要知道你的客户在哪里，如何通过数据分析找到客户。

有足够丰富的知识和经验，“知道用”这些数据去解决当下面临的问题。比如客户的偿债能力是我们销售的关键所在，找到赖账的客户也许很容易，能够按合同约定及时付款的客户才是优质客户，并且是我们对标的客户，否则就会面临产品发出货款却收不回来的窘境。

有足够的技术与知识，“懂得用”这些数据，利用它们解决相关问题。比如产品有很多参数，要懂得如何灵活运用这些参数，打动潜在客户，吸引消费力。当你进入卖方市场，可以优选客户的时候，在这个赛道，你就是王者。

知道有、知道用、懂得用，短短几个字，需要学习的却很多很广，能不能看出来，会不会用，看自己，靠自己，每个人需要持续学习，紧跟企业发展，追逐时代的步伐，创造价值，实现自我价值。

（3）数据会说话，你能听懂吗？

所有的数据都是业务的体现，客观、真实、准确的数据是有价值的数据，也是对企业进行业务分析的基础。大数据时代的来临为企业的进一步发展提供了技术的支撑，数字化的落地实施是企业未来发展的主要方向。

比如应收账款中快到支付期的应收账款，它在说：你来要啊，你要我就给你；即将形成坏账的应收账款说：想要从我这里拿钱，没门儿；正常的应收账款说：别盯着我啊，到期我一定会把钱给你的。

每一个数据都会说话，每一个数据都能找到管理的问题，每一个数据都能看到管理人的问题，每一个数据都可以体现管理人的水平，每一个数据都反映管理人的品性。

文字会说谎，管理人也会说谎，一切都会说谎，就是数据不会说谎。一就是一，二就是二，数据的结果能说明一切。

数据在管理面前是一把照妖镜，能照出美丑，能照出好坏。建立系统思维要有丰富的管理经验，数据管理是企业的X光扫描机，能查出企业管理上的漏洞，更能看到企业深层次的管理问题。

（4）掌握技巧，学会变通很重要。

凡事不能只靠蛮力。有些道路，难以走通时，学会拐弯，同样能到达终点。

在此分享一道经典的销售题目：怎么把梳子卖给和尚？多数人一看到梳子，很自然地将其和梳头联系在一起。换言之，梳头成为梳子的直观价值。可想而知，当一个人的思维被这种直观价值所局限，让他把梳子卖给光头和尚，简直比登天还难。果然，第一个推销员跑了十几个寺庙，始终看不出梳子对和尚有什么意义，最后还是一个老和尚可怜他，勉强买了一把，说偶尔可以拿来挠痒。但如果突破这个直观价值，结果会怎样呢？于是第二个推销员来到寺庙，他是这么对老方丈说的："如有施主远道而来，我们可以送一把梳子作为纪念，上面刻着佛家禅语。这样他们平时就能手梳烦恼丝，心念菩提树，寺庙的香火会一直旺的。"老方丈听了连连点头，一下子就买下了1 000把梳子，还签订了长期供货合同。

其实，我们进行销售何尝不是这样，只是看我们的弯怎么拐，故事怎么讲。在现实的工作中，我们洽谈、沟通、决策，如果都能学会运用这一法则，必能事半功倍！

（5）争当人才，避免庸才。

不会识别人才是因为自己就不是人才，自己是人才就一定会识别人才；自己不承认自己是庸才，才把自己变成庸才；要想把自己变成人才，一定要承认自己曾经是个庸才。为了避免我们成为庸才，一定要勇敢面对自己曾经是庸才的事实，认识到自己是庸才，才能把自己变成人才。

41 Q：你也可以在知识的海洋里“淘宝”！

A：快乐审计发布的文章下的我的留言，我把它归为三类，第一类是企业发展篇，第二类是个人成长篇，第三类是专业交流篇。现摘录部分内容与大家分享：

（1）企业发展篇。

①为什么我们有时候会对一些机会视而不见？其实，很可能是因为在竞争过程中，心态已经不平衡了，更多地倾向于战胜对手了。竞争以外，可能还有别的原因，比如对成功的欲望，对上市的期望等。在这种心态不平常，已经有偏执、差别心的情况下，公司可能会“失明”。

平常心对待成功和失败，也包括不要错误归因，把外因当作内因，不要把运气当作能力，要找出成功或者失败的真实原因。

②合规管理体系落地之三个要素：基础——良好制度设计；关键——强化制度执行；保证——培养合规文化。

③健康发展的企业需要第二种声音，需要第三只眼，要想跟上时代的步伐，跟上企业发展的脚步，必须精准定位，依据定位不断调整自己的工作思路，不断更新专业知识与技能，全面掌握公司内部管理、工艺流程、市场营销等体系，方能高屋建瓴地全方位参与到企业改善管理、提高效益的工作中去。

④大数据关联下，让“死”数据动起来，把“死”证据串起来，让业务脉络更清晰，路径选择、目标达成更细化。

企业管理中，最重要的有两件事情：调整结构和设计模型。事情本身不难，难的是管理人员的思维改变。

⑤未来，红利会越来越少，所有企业都需要专注修炼内功，并有长期

主义，踏踏实实地做好每一件事。

⑥一把手的字是最好签的，大家都把他当作全科医生，逼着他现场做作业，其实是拉他下套，责任和风险上推，权力和利益下沉。

制度的生命力在于执行。如果内控制度本身不具有可操作性，就无法执行，内控制度也就成了摆设。这对企业的伤害是巨大的。

老总只对程序负责任。程序的起点、信息的源头才是第一责任人。

⑦公司管理人的胜任能力——“刻、鼓、明、心”，

刻——时刻提醒自己，时刻警醒自己，时刻勉励自己。

鼓——鼓起勇气，鼓足干劲，鼓动精神。

明——明确目标，明确位置，明确责任。

心——怀抱一颗荣誉的心、感恩的心、虔诚的心。

为促进单位高质量发展而不懈努力。

人心齐，泰山移。

⑧企业在发展的过程中，通常会面临两个非常大的挑战：一个是做好日常的运营管理工作；另一个是聚焦战略管理。

日常管理的精神是持续改善现况，战略管理的精神是持续寻求突破点。

许多企业将日常管理和战略管理混搭在一起，这会导致很多问题：对日常运营管理做得不完善，对于战略管理又不够聚焦。

日常运营关注当下的事，但战略关注未来的事。企业家要坚定地相信对未来机会的判断，将其具象化，让它变成可以操作的管理工作，并且愿意投入资源去实现它。

因此，我认为公司的战略管理和日常运营管理应该分离开，且需要一个不同于日常运营管理的方式来管理战略。

关注目标及结果，但缺乏完成目标的具体行动；关注滞后性的结果，但缺乏引领性的管理动作；没有对执行过程做出管控，一旦结果与目标不符，已经失去修正的时机。这是很多企业的战略最终无法落地的重要原因。

⑨年度结束，需要定期体检。

财务分析好比人体健康体检，资产负债分析犹如人体骨骼常规检，利润分析好比人体内理机能健康检，现金流分析好比人体血液异常检，综合财报分析结果如同一个组织的健康体检报告，做好全局分析并能实现企业健康管理，企业才能获得长久发展。

（2）个人成长篇。

①两种人不批评，第一种是工作干得没有话可说的人，不批评；第二种是不值得批评的人，不批评。当第一种人是我们追求的目标，而我们宁死也不要做第二种人！

②未来，人与人之间最大的鸿沟，不再是信息不对称，而是认知不对称。认知存在边界，思维也会存在边界。认知维度的边界不同，导致思维的深度不同，结果将是天差地别。

③复盘的四大价值：强化目标、避免失误、复制技巧、发现规律。

复盘的四个方式：回顾目标、评估结果、分析原因、总结规律。

复盘，让我们停留在学习区，持续成长，进而在执行区减少失误，呈现更好的业绩。

④人才是提升发展质量和效益的关键因素。尊重劳动、尊重知识、尊重人才、尊重创造方针，全方位培养、引进、用好人才，充分发挥人才第一资源的作用。人是根本，所谓报酬，有报才能有酬。

⑤人生三识：知识、见识、胆识；两大能力：空间拓展能力、资源聚集能力。

⑥终身学习，不是因为知识有多值钱，而是把自己的脑子变成一个讲道理、能吸收新东西的容器，这样机会到来的时候不是本能地去忽视。所以虽然人人都受教育，但是只有极少数人真正能从中受益，这是第一道窄门。

⑦学无止境，向标杆学习，做“企业的守望者、管理的咨询者、价值的发掘者、人才的培养者”！

⑧互联网下每个你都是我这条线中的点，每个我又是你那条线中的点，让我们彼此赋能，都会变强大。

（3）专业交流篇。

①树立大数据审计理念，创新查证方法，从外围系统进行数据印证，形成成熟的查证流程后进行全样本审计，最终让舞弊行为无所遁形。

②内部控制对组织的“免疫系统”具有天然的风险防控功能，而内部审计是对内部控制其他环节的再控制。为此，内部审计应坚持底线思维，加大内部控制审计的广度和深度，一方面“治已病”，加大风险揭示力度，增强风险预警能力，为风险的化解提供可操作性的建议；另一方面“防未病”，及时发现阻碍目标实现的体制性障碍、机制性缺陷和制度性漏洞，提出有针对性的整改意见，促进内部控制的持续改进，不断增强组织的抗风险能力。

③获取和分析数据的核心价值是要利用数据解决问题。

提出正确的问题比解决问题更重要，这需要确定要解决什么样的问题，问题背后的实际目的是什么。

拿到数据，更加重要的是确定工作的目的，并围绕这项目标进行各类数字化应用。

④靶向锁定问题有备而来，站在审计对象的角度换位思考，为其提供解决问题的方法；不断赋能，成为企业值得信赖的顾问。

⑤“不谋全局者，不足以谋一域”，经济责任审计，不仅是具有中国特色的审计类型，而且涉及的诸多内容已远超审计职责范围，是具有特殊目的的监督检查活动。要提前研究谋划，根据不同领导职务的职责要求、履职特点、地区自然资源禀赋等，借助信息化手段总体分析，以权责清单、重大经济决策事项清单、审计核查事项清单等为抓手，把握规律，明晰重点，提高抽查代表性，防止面面俱到、浅尝辄止，防止思路不清、“盲人摸象”，防止工作发散、“捡了芝麻丢了西瓜”，防止千篇一律、一概而论，防止以偏概全、断章取义，努力精准“画像”。

⑥利用内部、外部掌握的各类线索，绘制一张思维导图，具象人和人的关系、人和事的关系、事和钱的关系，很多问题会迎刃而解。

⑦费用发生是为了支持达成企业的经营目标。

费用审计不能仅着眼于钱，更要着眼于事，着眼于企业的目标。钱花得不合规、不真实、不合理固然可恶，如果钱花了但事情未办、目标未达成则更不能容忍。如果仅盯着钱，忽视了事和企业的目标，则本末倒置，舍本逐末了。

每一笔费用的背后，都有人性的踪影。从人本的角度去重构场景、锁定时空，费用审计很多难点就可以攻破。

⑧内控建设的目的是防范经营风险，推动公司高效健康运转，不能为了内控而内控，搞形式主义，内控设计应根据本单位经营业务特点，制定具体的风险控制措施，把复杂问题简单化，使工作流程制度化，更好地为经营发展服务。

⑨制定内控评审制度，建立内控评估标准，规范内控评价检查项目，统一内控缺陷认定标准，使内控评价工作有法可依，有据可查，更好地发挥内控体系监督工作的作用。将内控从建设、执行、评价到不断完善形成闭环。

（4）写在结尾。

参与“快乐审计”，参与“快乐审计”留言，你会发现有不同的收获，不同的成长，不同的体会。

愿“快乐审计”与我相伴，与你相伴，欢迎大家加入“快乐审计”大家庭，让我们共同成长，共同进步，共同成为好朋友。

最后一首小诗表达我的爱意：

致：快乐审计

五月的鲜花开遍了大地，

五月的鲜花盛开在快乐审计；

舞台再大，你不上台，就永远是个观众，

平台再好，你不参与，就永远是局外人。

你们的鼓励激发了我的创作力，
每天的辛勤付出，福报等着你；
吸吮、传播、扩散、裂变，
丰富的知识让我们更美丽。
我们散是满天星，
我们聚是一团火，
点燃自己照亮别人的阵地就在这里。
爱你！爱你！快乐审计！
继续奔跑，让我们紧紧围绕在一起！

第二篇

『注会』赋能篇

1 Q：怎么让自己值钱？

A：只有自己值钱了，你才能有钱。跟大家分享一个小故事：前两天，我遇到了一个在教培行业工作的小女孩，她说她们这个行业被“团灭”了，想去考个注册会计师。注册会计师应该说是非常难考的一个证书，但是一旦考过了注册会计师，经过多年的工作，你就可以做到“躺赢”。当然，这里说的躺赢，不是什么都不做，而是赚钱更轻松。所以我们说为什么要考注册会计师，就是要让自己值钱。只有自己值钱了，你才能有钱。

2 Q：你觉得怎样挣钱容易？

A：我只要写上我的名字就可以挣钱，你是不是觉得写自己名挣钱也挺容易的呀？非常开心地告诉你，我现在就处在这种状态，那么这是谁赋予我的？这个就是注册会计师赋予我的。审计报告没有签名，再多的助理做了再多的工作也没有用。当然，签这个名不是随便签的，也是需要做大量复核和质量控制的，同时是要负法律责任的。所以我们说为什么要考注册会计师，考注册会计师的最终目标，就是要让自己值钱。

3 Q：三招教你判断自己适不适合做注册会计师。

A：（1）不是所有的人都适合做注册会计师。在会计师事务所工作，对人的要求：第一，要有持续学习的能力。比如会计师事务所的审计，有企业单位的审计、事业单位的审计、民间非营利单位的审计。除了审计之外，还有一些绩效评价、内控建设、内控审计等，它涉及的范围是非常广的，如果你三天打鱼、两天晒网，你是不能适应这个工作的。

（2）如果你不善于沟通，只会闷头记账，那么会计师事务所的这个工作就不适合你。

因为我们在审计的时候，需要和企业单位的各种人员去打交道，如果你沟通能力非常好，可能沟通成本就非常低；如果你不善于沟通，只会闷头记账，那么我劝你去考个中级会计师，去企业，未来做一个财务主管或者财务经理。当然，这里并不是说去企业不需要有很好的沟通能力，相对于会计师事务所而言，对该能力的要求会弱化一些。所以性格比较内向的人，会计师事务所的工作就不适合你。

（3）不喜欢旅游的你也别来会计师事务所。

会计师事务所的工作，有张有弛，有松有紧，每年十一月到次年的五月相对来说可能是忙季，那么过了忙季之后可能是淡季，这段时间可以休一下年假，如果时间允许，还可以来一场说走就走的旅行。当然，如果你备考CPA，则需要在家静心学习。现在你可以评估一下自己适不适合考注册会计师，如果适合请跟我来。

4 Q：初级会计师可以考注册会计师吗？

A：马上就要考初级会计师了，有的学员就问他能不能去考注册会计师。我可以告诉你，因为我是考过注册会计师后，顺便去考的中级会计师，我认为其考试难度，相当于注册会计师的70%。如果考过初级会计师的小伙伴，我建议你还是要考中级会计师或者是在中级会计师准备的过程中，同时也在准备注册会计师的课程，等中级会计师过了之后冲击最难的课程，也就是我要给大家分享的审计课程。

5 Q：如何一次性通过注册会计师考试？

A：如何一次性通过注册会计师考试？我是注册会计师、税务师、注册资产评估师、证券投资分析师，同时也考过了会计师，在大学里曾担任讲师。很多人说你真的是一次性通过的吗？当然，而且所有的证书都是一次性通过的。有人问，你有什么秘诀吗？我想了想，如果说有秘诀，那秘诀是什么呢？归根结底是要弄清楚底层逻辑。什么是底层逻辑？也就是说你要了解表面现象后面的故事，我们很多问题就可以迎刃而解。比如有的人看到在国外的地铁，大家都在看书，认为国外的人都比中国人好学，那背后的逻辑是什么呢？一部分原因是他们地铁没有信号。所以我们说了解了底层逻辑之后，得出的答案或许会超出你的想象，那样的答案才是正确的。

我有很多年都没有参加考试了。最近参加的一次考试，从成绩上来看我同样是碾压“80”“90”后，秘诀是什么呢？还是要弄清楚底层逻辑。那什么是底层逻辑呢？再举个例子，比如《狂飙》电视剧里的主角高启强，他出资办了幼儿园。他的幼儿园与众不同，普通幼儿园4点左右就放学了，这个时间父母还没有下班，接送孩子很不方便；而他的幼儿园是6点才放学，且提供三餐，同时它的价格低于公办幼儿园。我当时还想，这个人真是太有爱心了。后来剧情才揭示：只有事业单位和政府机关的孩子才能入园。创办这个幼儿园，他不是在献爱心，而是在织网——织自己的关系网。

所以我们说，所有的事情把底层逻辑弄清楚，可以做到一通百通，一顺百顺。

6 Q：通过CPA的前提条件是什么？

A：（1）只有爱学习才能够通过这个考试。

前两天，有小伙伴提问，通过CPA的前提条件是什么？我觉得做任何一件事情，都需要很多的前提条件。在这里，我只给三个前提条件，为什么是三个？因为：道生一，一生二，二生三，三生万物。

我觉得第一，就是要爱学习，为什么要爱学习呢？如果你觉得学习是非常痛苦的一件事情，你就不要去学。你首先要喜欢做一件事情，我们常说，如果你不喜欢做任何一件事情，那这件事情你也无法长久去做。我喜欢做的事情我就可以坚持，所以我们说考注册会计师，只有爱学习才能够通过考试。

（2）会学习才能通过注册会计师考试。

你会不会学习？要想通过CPA考试，我觉得第二点就是要会学习。会学习，说起来容易，做起来并不是很容易。很多考生天天在学习，网课听着听着就睡着了，最后选择了放弃。所以说，会学习是考过CPA的第二个前提条件。后面我们会讲如何去学习、如何提高你的工作效率、如何分配你的时间。

（3）会考试。

很多同学存在“一考试就完败”的情况，有的同学说：我爱学习，我也会学习，但是最终大考的时候可能就会“翻车”。

所以在这个过程当中如何去考试，如何去确定答题的顺序，如何能够做到不慌不忙不乱，把自己所知道的知识运用最大化是非常关键的。所以，我给出的第三个通过注册会计师考试的前提条件就是：会考试。

7 Q：CPA等于百万年薪吗？

A：这个标题看上去，诱人的字眼不是“注册会计师”，而是“百万年薪”。

考过注册会计师，不等于百万年薪，而是注册会计师对应的那个职位可以给你带来百万年薪。

当然，对应的职位，除了考过注册会计师之外，还要沟通能力、协调能力、抗打压能力、学习能力、处理和解决问题的能力等，这些能力会让你获得百万年薪。

财务总监的年薪，你认为的天花板是多少？三百万元？五百万元？我看到的财务总监的最高年薪是1 603万元。人家可能不仅有CPA，可能还有ACCA以及CMA。所以，CPA只能是你事业当中的一部分。考过注册会计师百万年薪是梦吗？完全不是梦。

考过注册会计师，能够让你鹤立鸡群；考过注册会计师，可以增加你的自信；考过注册会计师，可以提高你工作的起点。

自信源于你有相关的知识，那时候就不是你去找工作，而是工作来找你。注册会计师从事的行业也非常广，包括企业、会计师事务所，任何一个单位都是需要的。

所以考注册会计师本身不可能给你带来百万年薪，而是其能力对应的职位，可以带来百万年薪。

8 Q：CPA的含金量高吗？

A：考注册会计师到底有没有前途？注册会计师一旦考过了，就业范围是非常广的。第一，你可以去会计师事务所做执业的会计师。第二，你可以去企业做内部审计。第三，去企业的投融资部或税收筹划部等都是可以的。所以注册会计师就业前景是非常广阔的。有人问是不是只有注册会计师的含金量最高？那可能真是。

9 Q：考取CPA证书谁受益？

A：我觉得考注册会计师最大的受益人是我自己，在关键时刻，可以帮助我做出正确的判断。比如什么时候买房，该不该买房。你在恰当的时候买了房子，可能就一辈子无忧。在2007年，也就是奥运会之前的股市非常火，很多人就把北京的房子卖了，投资到了股市，而我做出的选择是把所有的股票全部卖掉，买了房子，从而赢得了北京房市的一波疯涨。所以我们说考证书最大的受益人是我们自己。

10 Q：如何高效学习CPA？

A：你是不是也想逢考必过？我看到有些小伙伴在考CPA，经常耳朵上挂着耳机，你问他在干什么，他说他在听课。我说，你只是听课吗？他说先听听。光听课是不行的，好的学习方法才有用：

第一就是要做笔记，好记性不如烂笔头，只听能记住什么？我相信大家每天晚上躺在床上美美地刷短视频时，觉得太有意思了，好多年轻人玩到凌晨一两点，第二天睡醒之后，你可能什么都没记住。所以我们说，光听是不能够增加记忆的，必须要写！笔记怎么做？是抄书吗？当然不是，做笔记是要将知识具相为一棵树，要有树干、枝干和树叶。

第二就是要形成思维导图。这也是上文提到的如何做笔记的答案。一本书的点是什么？线是什么？面是什么？我们要把书中的关键内容形成思维导图，这时它就形成了一个完整的知识体系。当某一天的时候，这些知识点在我的脑海里就形成了一个知识图谱，到这个时候可以把书放下了，这本书都在我的脑子里了。考试之前一本书用15分钟到半个小时，就可以把这本书翻过了。所以，好的方法可以让你事半功倍。

第三就是要保证融会贯通。融会贯通，是指你整个知识体系的贯通。比如CPA考试中，会计和审计是什么关系？经济法和税法是什么关系？财务管理和战略是什么关系？谁为谁服务的？只有你把这些逻辑关系都搞清楚了，你在工作中才能够灵活运用。

所以我们说，知识的学习从初步了解到熟练掌握，再到融会贯通，最终到灵活运用是一个循序渐进的过程。

11 Q：宝妈如何报考CPA？

A：有人说：我都是宝妈了，我能不能去考注册会计师？这个问题我太有发言权了，因为在考注册会计师的时候，我的儿子五岁。对于一个五岁的孩子来说，正是淘气的时候。一般来讲，家里天天都是鸡飞狗跳的，怎么可能安心去读书？这个时候，我告诉你，完全是可以的，而且你还可以训练孩子的专注力。

考试，最大的问题就是时间问题。你要训练他，自己能做的事情自己去做。我对孩子提出的要求就是把水准备好，把零食准备好，你自己去听故事，至少一个小时不要打扰，我要安安静静学习一个小时。这样，他长大了也会形成良好的学习习惯。

第二就是可以给自己制定一个计划，在考注册会计师的过程当中，你可以给孩子做出非常好的榜样，你可以和你的孩子PK，看谁的成绩更佳，这样也会形成一个良性的循环。

所以，作为宝妈想考CPA，孩子不是障碍，你自己才是障碍。

如果你自己平时都不好好学习，怎么要求孩子去好好学习呢？

12 Q：财务人如何考CPA？

A：有的小伙伴可能做财务多年了，这个时候如何去考CPA？

第一条建议是提高你的工作效率，能不加班就不加班。如果必须加班的情况下，在完成工作的时候，剩下的时间可以去看一看书。第二条建议就是要专注，一个人一天学习的有效时间大概3—4个小时，再多的时间只是浪费精力，你根本学不进去，只要保证学习时间是高效的就够了。

你只要想考，下定决心，努力到位，考不过CPA都是非常难的一件事情。

13 Q：通过CPA之后有免考优惠？

A：考过了CPA证书再考其他证书，有些是可以免考的。但是我建议你不要去申请免考。为什么呢？因为对于你来说，第一是可以通过复习巩固知识；第二，财务是一个多面体，每个专业的侧重点是不一样的，只有你掌握了多维的知识，才能够针对客户提出来的具体问题给出正确的答案。所以准备考试是一个充实自己的过程，不要太注重结果。

14 Q：考过CPA却找不到工作，为什么？

A：有的小伙伴考过了注册会计师，但是没有顺利找到工作，这种现象确实存在。

虽然考过了注册会计师，当你没有接触过审计业务的时候，我建议大家，一定要放平心态，尽量不要一开始就应聘高级项目经理，我们还是要从助理开始，你可能用一年的时间就可以达到高级项目的经理级别。所以不要认为自己考过了注册会计师，就理所应当地可以匹配项目经理的职位。

另外，就是要有很好的沟通能力，沟通能力包括对内的和对外的，对内你要和小伙伴去沟通，有些还要跟你的上级去沟通；对外的我们要跟客户去沟通，出了问题，我们还要与管理层沟通。有些问题，我们甚至还要与治理层沟通，所以除了要具备注册会计师证书之外，还必须有很好的沟通能力。

最后，想找到工作，时间很重要。会计师事务所的工作是有季节性的，每年十一月到次年的五六月基本就是年报审计的时间，这段时间都会非常忙。什么时候是应聘最好的时机呢？就是十月，因为很多会计师事务所十一或十二月就开始预审了，所以，十月去应聘，获得工作的机会更高一些。

第三篇

财务会计篇

1 Q：你还在用工资还贷买房吗？

A：别难为自己了，工资是用于经营生活的，而买房属于投资活动，从现金流量表上讲，一个是经营活动，另一个是投资活动。经营活动的收入用于经营活动的支出，还可能有盈余，日子过得会舒服些；如果再用于投资活动，比如买房还贷款，那日子过得可能就不爽了。所以，投资活动需要的资金支出还需要投资活动产生的现金收入作为根基。工资薪金收入到房产投资一定要找个跳板，否则你的日子会过得比较辛苦。

2 Q：不把财务知识当回事，不把会计放在眼里，后果自负！

A：那些不把财务知识当回事，不把会计放在眼里，无视会计凭证重要性的人，轮到你啦！

缘由：

这一次，是山东大学的双料学者陈哲宇。这名出生于1974年的年轻科学家，头顶着长江学者与泰山学者的学术光环，顶着谢绝百万年薪的传奇，却被50万元的科研经费绊倒。

把长江学者送进监狱的科研制度是个怎样的存在？

2016年12月8日，济南市天桥区人民法院一审认定，陈哲宇等4人套取科研经费用于个人注册成立湖星公司，后又将50万元注册资金私分并占为己有。其中，陈哲宇拿走了30万元。

判决书认定，依照银行走账的流水，50万元注册资金来自陈哲宇2011年长江学者学科建设经费及另外两个科研课题。基于被分的50万元系科研经费的定性，陈哲宇等4人被判贪污罪。

3 Q：新《公司法》下，出资方式的多样性会导致公司成立初期现金流不足吗?

A：关于股东出资，原《公司法》和新《公司法》的规定有所不同。

原《公司法》第二十七条规定，股东可以用货币出资，也可以用实物、知识产权、土地使用权等可以用货币估价并可以依法转让的非货币财产作价出资；但是，法律、行政法规规定不得作为出资的财产除外。

新《公司法》第四十八条规定，股东可以用货币出资，也可以用实物、知识产权、土地使用权、股权、债权等可以用货币估价并可以依法转让的非货币财产作价出资；但是，法律、行政法规规定不得作为出资的财产除外。

通过原《公司法》与新《公司法》的比对，新《公司法》将股权、债权新增为股东的出资方式之一。

从会计处理角度看：

股权出资：股权增加，对应净资产的增加；

债权出资：意味着债权减少，对应净资产的增加。

以上两项出资，都没有造成现金流的增加。股权变现能力较差，债权更没有现金流进入。所以，新《公司法》下，出资方式的多样性可能会导致公司成立初期现金流不足。

4 Q：运动员福利你知道吗?

A：福利到：你身边有运动员朋友吗？这些税收政策送给他。

（1）省级以上单位颁发的体育奖金免征个人所得税。

下列各项个人所得，免纳个人所得税：

省级人民政府、国务院部委和中国人民解放军军以上单位，以及外国组织、国际组织颁发的科学、教育、技术、文化、卫生、体育、环境保护等方面的奖金（依据《中华人民共和国个人所得税法》）。

个人因在各行各业做出突出贡献而从省级以下人民政府及其所属部门取得的一次性奖励收入，不论其奖金来源于何处，均不属于税法所规定的免税范畴，应按“偶然所得”项目征收个人所得税［依据《国家税务总局关于个人取得的奖金收入征收个人所得税问题的批复》（国税函1998、293号）］。

（2）运动员转会按照销售无形资产缴纳增值税。

销售无形资产，是指转让无形资产所有权或者使用权的业务活动。无形资产，是指不具实物形态，但能带来经济利益的资产，包括技术、商标、著作权、商誉、自然资源使用权和其他权益性无形资产。

技术，包括专利技术和非专利技术。

其他权益性无形资产，包括基础设施资产经营权、公共事业特许权、配额、经营权（包括特许经营权、连锁经营权、其他经营权）、经销权、分销权、代理权、会员权、席位权、网络游戏虚拟道具、域名、名称权、肖像权、冠名权、转会费等［依据《财政部 国家税务总局关于全面推开营业税改征增值税试点的通知》（财税〔2016〕36号）］。

5 Q：企业减少注册资金，有股东会决议就可以办理了吗？

A：企业减少注册资金，不是你想减就能减的。企业减资，直接关系着债权人的利益是否能够得到保障。

根据新《公司法》规定，股东会决议是必要条件，同时还需要其他条件。

新《公司法》第二百二十四条规定，公司减少注册资本，应当编制资产负债表及财产清单。

公司应当自股东会作出减少注册资本决议之日起十日内通知债权人，并于三十日内在报纸上或者国家企业信用信息公示系统公告。债权人自接到通知之日起三十日内，未接到通知的自公告之日起四十五日内，有权要求公司清偿债务或者提供相应的担保。

因此，公司减资时有两项通知义务：一是对已知债权人的直接通知义务；二是对未知的潜在债权人的公告通知义务。

新《公司法》第二百二十六条规定，违反该法规定减少注册资本的，股东应当退还其收到的资金，减免股东出资的应当恢复原状；给公司造成损失的，股东及负有责任的董事、监事、高级管理人员应当承担赔偿责任。

通知债权人是公司减资的法定程序，若是企业违反减资程序，比如未通知债权人的，股东应当退还其收到的资金，减免股东出资的应当恢复原状。若是给公司造成损失的，股东及负有责任的董事、监事、高级管理人员应当承担赔偿责任。

不按程序办理的企业肯定会有，未来的诉讼或许会大大增加。

6 Q：未来是否会迎来减资潮？

A：2023年炒得沸沸扬扬的认缴变实缴资本金的规定，现在终于实锤。之前有些公司出于不同的目的，把注册资金写得很高，这次可能面临比较大的调整。

最新修订的《公司法》，可以让“虚胖”的企业注册资本金“瘦身”了。如果5年内不能缴足，就要考虑是否需要减资了。

全体股东认缴的出资额，由股东按照公司章程的规定，自公司成立之日起五年内缴足。

新修订的《公司法》自2024年7月1日起施行。

现有公司存在上述情况的，有以下几种做法：一是注销（会涉及大量税和账务处理问题）；二是减资；三是实缴；四是等等看情况。你会怎么选择呢？

未来的几年或许会迎来减资潮。

7 Q：公司在什么情况下可以减资？

A：公司通过减资可以解决股东出资瑕疵的问题，还可以通过减资调整股权结构、做实出资、整合资源等。

公司减资主要有以下几种情况：

（1）解决股东出资瑕疵问题。

股东因资金困难等原因无法按期实缴公司注册资本时，可通过减资的方式免除该股东的出资义务。

（2）调整公司股权结构。

公司的个别股东减资或股东不同比减资均可改变股东各方在公司的持股比例。

（3）股东股权变现。

股东在无法进行股权转让的情形下，可通过减资将股权变现。

（4）解决公司资本过剩问题。

有些公司在经营过程中形成了大量的剩余资本，造成资本在公司中的闲置和浪费，可通过减资的方式发挥资本效能。

（5）公司亏损。

公司严重亏损，资本总额与其实有资产差距过大，公司资本已失去应有的证明资信状况的法律意义。

（6）剥离公司业务和资产。

公司可根据经营管理的需要或战略布局的要求，将某些业务和资产剥离给股东。

8 Q：大年三十，一定要回家“过年”！

A：大年三十，一定要回家“过年”，这里的年指的是“现金流”。

我近日发现一个问题，给大家提个醒：

（1）企业财务报表提到的期末是指月末、季末或年末，也就是月末、季末或年末最后一天，如果企业为了管理方便，把期末设定为25日也是没有问题的，前提是年末要将数据调整到12月31日。方法可以有两个：一是12月26日至31日均衡发展，这样产生的差异非常小，可以忽略不计；二是如果差异很大需要调整，简便算法是减去上年多算的，加上今年少算的。

（2）这同样适用于企业的银行存款及应收账款、存货管理等。

（3）比如应收账款期末没有发生变化，就会提高坏账准备，所以要想消除这类风险，就是要保证这个时点之前资金要回笼，如同我们的春节，不管平时在外面哪里“浪”，大年三十要回家过年。

9 Q：销售退回应怎样正确处理？

A：财务上，有些单位对销售退回做红字冲回，有些单位做采购处理，他们的差异在哪里？

（1）正确的处理肯定是开红字发票冲回，做销售退回处理；

（2）有些单位没有做销售退回，而是做采购处理，虽然在资金上不会受到影响，但对其他财务数据影响还是很大的，比如：

①虚增销售收入，从而虚增销售利润率；

②库存增加的原因不是自己生产，而是回购，这样会造成产成品入库单统计数与实际库存统计数有差异；

③如果产品的生产和销售是受国家有关规定限制的，出售方是有法律风险的，因为出售方营业执照的营业范围不包括这些方面。所以销售退回不等于采购，不能作为采购处理。

10 Q：公司将业务交给第三方做应该属于业务外包，需要注意哪些问题？

A：公司将业务交给第三方做应该属于业务外包，需要注意以下几点：

（1）该业务是否可以进行业务外包，是否需要主管部门批准；

（2）业务外包的对象是否符合规定，比如质量优、价格合理；

（3）业务外包的价格是否公允；

（4）有无将利益输送给关联方；

（5）业务外包项目是否进行了项目跟踪；

（6）业务外包项目是否经过验收；

（7）是否签订合同；

（8）是否根据合同要求按进度付款；

（9）业务外包项目是否需要预留保证金。

11 Q：收入回款存在第三方的要注意啦！

A：一般，销售收入的回款方应为该销售客户，若存在第三方代为支付回款的情形，需要充分考虑原因与合理性：

（1）销售收入真实吗？

（2）是真实的销售回款吗？应该冲减该客户的应收账款还是应确认为其他应付款？

（3）为什么第三方会愿意代为支付？双方是什么关系？是否存在其他利益安排？

（4）第三方与销售主体是否存在关联关系？

（5）境外销售涉及境外第三方支付机构的，其代付行为是否合法合规？

（6）销售主体内控是否存在瑕疵？

为了减少这些质疑，还是减少第三方代为付款吧，哪怕收回款项再支付出去呢！

12 Q：销售价格没定下来，如何确认收入？

A：用老百姓的话说，你价都没定下来，我咋确认收入？所以财务方面销售价格没定下来，如何确认收入？

企业在实际经营过程中，由于产品周期比较长或产品、项目实施方案处于变动过程中，难以确定售价，这种情况下，如何确认销售收入呢？须参照《企业会计准则第14号——收入》第二章“销售商品收入”。

第四条规定，销售商品收入同时满足下列条件的，才能予以确认：

（1）企业已将商品所有权上的主要风险和报酬转移给购货方；

（2）企业既没有保留通常与所有权相联系的继续管理权，也没有对已售出的商品实施有效控制；

（3）收入的金额能够可靠地计量；

（4）相关的经济利益很可能流入企业；

（5）相关的已发生或将发生的成本能够可靠地计量。根据规定，销售价格不确定，则不符合收入确认条件，不应该确认销售收入，收到的货款应暂作预收账款。

但如此长的定价周期可能会导致企业几年内的报表上没有销售收入，无法真实反映企业的经营成果。

13 Q：关于同业竞争你知道多少？

A：同业竞争的主体判断标准：

（1）公司的第一大股东、通过协议或公司章程等对企业财务和经营政策有实际控制权力的股东、可以控制公司董事会的股东、与其他股东联合可以共同控制公司的股东，以及上述股东直接或间接控制的公司，也就是创业企业的并行子公司；

（2）拟上市公司实际控制人的直系亲属；

（3）拟上市公司的主要股东（视持股比例而定，不一定以5%的持股比例一刀切）；

（4）董（事）监（事）高（级经理），特别是对于销售、生产、研发等有比较重大影响的董监高和主要股东，更需要关注。

14 Q：微信发红包能要回来吗？

A：微信发红包是收不回来的，但转账“可以”。

案例：

近日，北京市海淀区人民法院审结了一起借款纠纷案件，认定微信红包与转账性质存在区别，红包属于赠与，转账则属于借款，据此判令被告周先生偿还原告刘女士借款12 900元。

刘女士诉称，2019年其通过微信认识周先生。双方认识不久，周先生便以经济困难为由，多次向其借款。2020年至2021年间，刘女士通过银行转账、微信红包等方式累计向周先生转款15 669元，后经多次催要均无果。对此，周先生辩称，涉案款项不是借款，是赠与。

法院经审理认为，刘女士以微信红包、微信转账两种方式向周先生提供资金，微信红包自身即包含“赠与”之义，结合本案具体情形，刘女士出于对周先生生活的资助向其发送微信红包共计2 769元，属于刘女士的赠与行为，无须周先生偿还。关于刘女士通过微信转账向周先生支付的12 900元，周先生虽辩称是赠与，但其并无证据证明刘女士就此曾作出赠与的意思表示，且考虑到周先生曾向刘女士借款还贷等情况，刘女士向周先生通过微信转账支付款项的部分应认定系其向周先生提供的借款，周先生应予偿还。

据此，法院作出如上判决。法官说法是：“微信转账和微信红包，二者虽均系通过微信软件操作付款，但应从微信软件的不同功能及属性上对两种付款性质加以区分认定。”法官庭后提示，微信软件作为社交工具，除具备日常沟通交流功能外，还具备社交功能，微信红包则为微信软件社交功能的典型体现。微信红包设置的金额上限为200元，且名为“红包”，根据我国的民间习俗，给付“红包”在通常情况下，意味着自愿赠与，无须返还。

微信转账与红包不同，不具备“赠与”之义，其仅是微信软件设置的付款功能，是社会主体之间常用的付款方式之一。本案中，原告以微信转账主张成立民间借贷关系，被告如主张款项性质为赠与，其需要提交相应证据，否则将承担举证不能的不利后果。

微信的付款功能应用场景非常广阔，许多人也都在使用。

根据上述审判结果，平时我们要注意：在付款时，请谨慎考虑是通过转账还是发红包形式。

微信发红包是收不回来的，但转账“可以”。

15 Q：增值税普通发票丢了怎么办？

A：因公出差办事，会发生交通费、住宿费等，采购货物还会发生采购支出。这之中会涉及机票、火车票、住宿费发票、采购发票（这里指普通发票，专用发票另述）等，洗衣服忘记掏兜把发票不小心给洗啦、忘记放在什么地方啦……总之是丢啦，怎么办？

简单粗暴的方法就是不管他了，也不报账了，自己认倒霉，但如果涉及金额特别大，这霉也太大了。这里告诉你，普通发票丢了怎么办。财会字〔1996〕19号《财政部关于印发〈会计基础工作规范〉的通知》等相关文件规定，从外单位取得的原始凭证如有遗失，应当取得原开出单位盖有公章的证明，并注明原来凭证的号码、金额和内容等，由经办单位会计机构负责人、会计主管人员和单位领导人批准后，才能代作原始凭证。如果确实无法取得证明的，如火车、轮船、飞机票等凭证，由当事人写出详细情况，由经办单位会计机构负责人、会计主管人员和单位领导人批准后，代作原始凭证。

是的，发票丢失，同样是可以报销的。

16 Q：增值税专用发票丢了怎么办？

A：增值税专用发票丢了怎么办？

国家税务总局公告2014年第19号规定，一般纳税人丢失已开具专用发票的发票联和抵扣联，如果丢失前已认证相符的，购买方可凭销售方提供的相应专用发票记账联复印件及销售方主管税务机关出具的《丢失增值税专用发票已报税证明单》或《丢失货物运输业增值税专用发票已报税证明单》（以下统称《证明单》），作为增值税进项税额的抵扣凭证；如果丢失前未认证的，购买方凭销售方提供的相应专用发票记账联复印件进行认证，认证相符的可凭专用发票记账联复印件及销售方主管税务机关出具的《证明单》，作为增值税进项税额的抵扣凭证。专用发票记账联复印件和《证明单》留存备查。

一般纳税人丢失已开具专用发票的抵扣联，如果丢失前已认证相符的，可使用专用发票发票联复印件留存备查；如果丢失前未认证的，可使用专用发票发票联认证，专用发票发票联复印件留存备查。

一般纳税人丢失已开具专用发票的发票联，可将专用发票抵扣联作为记账凭证，专用发票抵扣联复印件留存备查。

是的，增值税专用发票丢失，同样是可以报销的、可以抵扣的。

17 Q：发票不报账或不及时报账，受损失的是谁？

A：一般情况下，企业的业务人员是通过领取备用金的形式，作为差旅及招待支出，财务上作为“其他应收款”核算，自己垫钱的也有，但比较少。

我们拿1 000元为例，假如1 000元长期在业务员手中不报账，企业费用就会少1 000元，利润就多1 000元，1 000元的利润涉及企业所得税，按税率25%计算就是250元；况且长期的“其他应收款”会计上会计提坏账准备，而这部分坏账准备又不能在企业所得税前进行列支，还要作纳税调增，换言之就是要缴企业所得税。

所以，发票不报账或不及时报账，受损失的是企业。

18 Q：你能分清招待费和宣传费吗？

A：业务招待费是指企业为生产、经营业务的合理需要而支付的应酬费用。它是企业生产经营中所发生的实实在在、必需的费用支出，是企业进行正常经营活动必需的一项成本费用。由于其直接影响国家的税收，因此税法对其税前扣除有限定——仅允许按一定标准扣除。

企业发生的与生产经营活动有关的业务招待费支出，按照发生额的60%扣除，但最高不得超过当年销售（营业）收入的5‰。

招待费具体范围如下：（1）因企业生产经营需要而宴请或工作餐的开支；（2）因企业生产经营需要赠送纪念品的开支；（3）因企业生产经营需要而发生的旅游景点参观费和交通费及其他费用的开支；（4）因企业生产经营需要而发生的业务关系人员的差旅费开支。

一般来讲，外购礼品用于赠送的，应作为业务招待费，但如果礼品是纳税人自行生产或经过委托加工的，对企业的形象、产品有标记及宣传作用的，也可作为业务宣传费。

业务招待费仅限于与企业生产经营活动有关的招待支出，与企业生产经营活动无关的职工福利、职工奖励、为企业销售产品而产生的佣金以及支付给个人的劳务支出都不得列支招待费。如何处理对企业有利？对号入座，还是需要好好思考一下。

19 Q：新修订的收入准则你了解多少？

A：财政部对《企业会计准则第14号——收入》进行了重磅修订！理念和具体条件发生了翻天覆地的变化！主要变化包括：

（1）现行准则区分销售商品、提供劳务、让渡资产使用权和建造合同，分别采用不同的收入确认模式。新准则不再区分业务类型，采用统一的收入确认模式。

（2）现行准则收入确认时以“风险报酬转移”为判断依据，而新准则以“控制权转移”为判断依据！

（3）引入了“履约义务”的概念，明确了如何识别是否存在多个“履约义务”，以及如何将交易价格分摊到多个“履约义务”。

（4）引入“履约进度”计量方式。对于在某一段期间履行的履约义务，企业应当考虑商品的性质，采用产出法或投入法确定恰当的履约进度，并且按照该履约进度确认收入。

（5）企业为取得合同发生的增量成本预期能够收回的，应当作为合同取得成本确认为一项资产，并且采用与收入确认相同的基础进行摊销，计入当期损益。

（6）明确了企业应该根据其在交易中的角色是主要责任人还是代理人来确定其收入的金额是总额还是净额。这将使很多企业的收入金额产生数量级变化，影响巨大！

20 Q：丢失的发票补办了相关手续，能否在企业所得税前扣除呢？

A：之前我们分别介绍了普通发票丢失怎么办、增值税专用发票丢失了怎么办，丢失的发票按照财政部及国家税务总局的有关规定，补办了相关手续，且手续齐全，允许报销，当然是可以在企业所得税之前列支的！

21 Q：合同订立环节的这些风险你知道吗？

A：合同订立环节的主要风险包括：

（1）未明确合同订立的范围和条件，对应当订立合同的经济业务未订立合同，或者违规签订担保、投资和借款合同，导致单位经济利益遭受损失。

（2）故意将需要招标管理或需要较高级别领导审批的重大合同拆分成标的金额较小的若干不重要的合同，规避国家有关规定，导致经济利益活动违法违规。

（3）对合同对方的资格审查不严格，对方当事人不具有相应的能力或资源，导致合同无效或引发潜在风险。

（4）对技术性强或法律关系复杂的经济事项，未组织熟悉技术、法律和财会知识的人员参与谈判等相关工作，对合同条款、格式审核不严格，可能使单位面临诉讼的风险或造成经济利益的损失。

（5）未明确授权审批和签署权限，合同的专用章保管不善，可能发生未经授权或者超越权限签订合同的情形。

22 Q：如果你不喜欢现在的工作，恰好又喜欢宠物，请看过来！

A：2015年，全国在册宠物数量达1亿只，但从城市拥有犬只家庭占总数的比例来看，北京为7.5%，上海为4.5%，全国仅为1.7%。相比之下，美国55%的家庭拥有宠物，日本的比例也达29%。市场潜力巨大！

2017年7月28日，以宠物食品为主营业务的中宠股份拿到证监会IPO批文，有望于近期上市。这是继被戏称为“狗粮第一股”的佩蒂股份成功登陆A股后，又一家上市的宠物企业。

2017年，资本市场迎来了宠物企业的大爆发，这并非偶然。统计发现，近年来，不少宠物企业业绩增长迅猛。

目前新三板的宠物企业主要集中在三个细分领域，即宠物医疗、宠物食品（零食）、宠物用品（卫生用品）等。

如果你喜欢，也许可以做到兴趣与职业的趋同，这也是许多人的梦想！

23 Q：私车无偿公用，发生的汽油费可以报销吗？

A：私车公用是一个普遍存在的问题，私车公用不管是有偿还是无偿都需要签订租赁协议，审计时还要关注车辆的所有权人文件、车辆行驶证等。

签订了租赁合同，其间发生的支出，在取得合法凭证后可以在企业所得税前列支。作为出租方，报销的汽油费都要进行个人所得税的纳税申报——按租赁收入进行申报。这也是判断业务真实性的试金石。

所以，老板的车无偿给公司使用，也需要注意税务风险。

24 Q：发票要按经济活动的实质进行开具。

A：发票要按经济活动的实质进行开具，酒店可以开具住宿费、餐费、会议费等，但要按经济业务的真实情况开具发票。

如果是会务费，需要会务费的相关文件，比如合同、参会人数、餐费标准、会议场地租赁、会议设备租赁等。

如果只是住宿、吃饭就开个会议费发票，会有问题。一定要按照经济业务的实际情况开具，否则会面临虚开发票的风险。

虚开是指行为人违反有关发票开具管理的规定，不按照实际情况如实开具增值税专用发票及其他可用于骗取出口退税、抵扣税款的发票之行为。

25 Q：谨慎对外提供资不抵债的财务报表。

A：财务报表体现出来的资产负债表中净资产是负数，属于资不抵债，说明持续经营能力出现问题。虽然有的时候确实是资不抵债，但更多的时候是账务处理有问题，比如应该确认的收入没有确认，应该摊销的费用一次性进入成本费用。如果不是真正的资不抵债，却造成了形式上的资不抵债，对本单位非常不利，一旦提交主管部门，后果很严重，而且不可逆转或逆转的成本会非常高，所以，在这里提醒大家谨慎对外提供资不抵债的财务报表。

26 Q：财务报表是最美的商业语言，你读懂了吗？

A：毫不夸张地说，财务报表是一个公司最综合的数字结果体现，可以反映公司所处的商业环境、行业格局及竞争、公司治理及战略、公司经济活动的效率及财务会计处理的质量。这就像一个人的体检报告，综合反映了一个人的生活环境甚至是呼吸的空气、日常作息及饮食等生活习惯方方面面的情况。概言之，“财务报表反映公司的一切”“财务报表是世界上最美最简练的商业语言”。

从财报数字中，我们要分析公司的会计政策选择、会计估计判断是否合理。比如，合并范围是否符合准则的规定？固定资产的折旧年限是否符合行业惯例？各类资产减值准备的计提是否符合企业经营实际情况？收入的确认是否符合准则规定的条件？以及成本的结转是否遵循匹配原则……

从财报数字中，我们要分析此前作出的投资决策是否符合公司战略的要求，已完成的投资项目是否达到了决策时对投资项目的净现值、投资收益率和投资回收期等方面的预期，是否对投资活动的过程实施了有效的管控，购建固定资产、无形资产等长期资产的成本是否合理，并购子公司或者对外投资的价格是否合理。筹资活动中是否做到了股权和债务资本结构最优化，综合资金成本最低，融资时机最佳，内源性融资、债务融资和股权融资等融资顺序最合理，与投资资金需求是否匹配等。

从财报数字中，我们可以站在财务结果的角度分析和验证前期的公司战略是否正确，是否很好地应对了外部商业环境、行业竞争和面临的挑战。如果前期公司战略存在问题，应该考虑如何修正和调整，甚至考虑是否需要改变先前的战略进行公司的战略转型。

27 Q：提示：先做利润分配，再做股权转让，很重要！！！

A：案由：A公司对B公司（非上市公司）长期股权投资500万元，B公司注册资本1 000万元，A公司持股比例50%。自A公司投资以来，B公司一路高歌飘红，连续盈利，截至A公司股权转让基准日，账面净资产达到45 000万元。A公司将此股权作价500万元转让给自然人张三，然后双方潇洒地签下了平价转让股权协议，并办理了工商登记手续。当A公司理所当然地认为平价转让不用缴所得税时，孰不知已经深陷需要补缴企业所得税却无法避免的困境。

被投资公司B公司转让基准日账面净资产45 000万元，A公司将持有的B公司50%股权以500万元的价格转让给张三，是远远低于纳税人享有的股权比例所对应的净资产份额45 000万元×50%=22 500万元的，股权转让对申报的计税依据明显偏低且无正当理由的，税务局可以核定股权转让价格，其方法之一就是参照每股净资产或纳税人享有的股权比例所对应的净资产份额核定股权转让收入。据此，A公司的股权转让收入最低也要被核定为22 500万元。转让股权收入扣除为取得该股权所发生的成本后，为股权转让所得。企业在计算股权转让所得时，不得扣除被投资企业未分配利润等股东留存收益中按该项股权所可能分配的金额。自此，A公司面临被税务局追征企业所得税（22 500−500）×25%=5 500万元。

切记切记切记：

利润分配，企业股东免税，个人股东不免税。

股权转让，企业股东不免税，个人股东也不免税。

先进行利润分配，股权转让价格没有增值，没有转让收益，就不用缴企业所得税啦！

28 Q：未分配利润转增股本，躲不过去的个人所得税。

A：未分配利润转增股本，躲不过去的个人所得税，但可以不让股东“拿出现金缴个税”。

未分配利润转增股本，个人股东需要缴纳个人所得税。

根据有关文件规定，非上市及未在全国中小企业股份转让系统挂牌的中小高新技术企业以未分配利润、盈余公积、资本公积向个人股东转增股本，并符合财税〔2015〕116号文件有关规定的，纳税人可分期缴纳个人所得税；非上市及未在全国中小企业股份转让系统挂牌的其他企业转增股本，应及时代扣代缴个人所得税。

这些文件也只是规定纳税人可分期缴纳个人所得税，而不是可以不缴纳。

如果转增股本还让个人股东另外拿出现金缴个人所得税，很多个人股东都有点“想不通”。

但税法的要求是躲不过去的。

这时可以再做些现金分红，但这些现金不要下发给个人股东，而是用于缴纳个人所得税，这样处理的话，个人股东就不用拿钱来缴纳个人所得税了。

29 Q：如果有出国的费用，回来报销，应该用哪天的汇率？

A：这里有几种可能：

（1）出国之前换了外币，则以换外币当日汇率进行计算；

（2）出国之前没有换外币，在境外直接刷卡，且直接体现的是人民币，则以刷卡当日汇率进行计算；

（3）出国之前没有换外币，在境外刷卡，体现的是外币，则以外币折合人民币的还款日汇率计算。

30 Q：如何防止电子发票重复报销？

A：电子普通发票相关规定：开票人和收票人可以自选纸张打印（彩色、黑白均可）电子发票的版式文件，其法律效力、基本用途、基本使用规定等与税务机关监制的增值税普通发票相同。电子发票可打印分别作为发票联、记账联等凭证使用。

实际工作中打印复印发票基本看不出，因此这种发票最大的实务问题就是如何防止重复报销！

当然，可以通过登记发票号码和金额进行控制，但无形中会增加财务人员的工作量。

最新发现方法：用扫描枪扫描电子发票的二维码，可以防止电子发票重复报销！

31 Q：重视《统计法》，否则罚你没商量。

A：企业或单位在运营过程中比较重视税务部门和工商部门关注的问题，统计方面的问题往往不太重视。

很多企业都折在“提供不真实或者不完整的统计资料”这一环。

所以填报的统计数据需要与审计报告中财务报表数据、账面数据相勾稽，比如：

注册资金、主营业务收入、本年应缴增值税等，填写过程中不清楚的一定要咨询专业人员，一旦填错，罚你没商量，5万元以下的惩罚算是轻的。

另外就是一定要看清单位，元？千元？万元？不小心填错，也不会给你留任何情面。不管你是有意填错还是无意填错，一旦填错，就属于“提供不真实或者不完整的统计资料”。

依据《统计法》第四十一条，作为统计调查对象的国家机关、企业事业单位或者其他组织有下列行为之一的，由县级以上人民政府统计机构责令改正，给予警告，可以予以通报；其直接负责的主管人员和其他直接责任人员属于国家工作人员的，由任免机关或者监察机关依法给予处分：

（1）拒绝提供统计资料或者经催报后仍未按时提供统计资料的；

（2）提供不真实或者不完整的统计资料的；

（3）拒绝答复或者不如实答复统计检查查询书的；

（4）拒绝、阻碍统计调查、统计检查的；

（5）转移、隐匿、篡改、毁弃或者拒绝提供原始记录和凭证、统计台账、统计调查表及其他相关证明和资料的。

企业事业单位或者其他组织有前款所列行为之一的，可以并处五万元以下的罚款；情节严重的，并处五万元以上二十万元以下的罚款。

个体工商户有本条第一款所列行为之一的，由县级以上人民政府统计机构责令改正，给予警告，可以并处一万元以下的罚款。

32 Q：发票开不出来了，怎么回事？

A：首先看一下是否正常申报了，没有正常申报，发票就会停供啦！

其次，看是否有未入账且没有开发票的收入，被税务局发现了，这时也会被停供发票哦。

下面的情况也会造成无法开具发票：

（1）未按照规定的期限申报办理税务登记、变更或者注销登记的且拒不接受税务机关处理的；

（2）未按照规定设置、保管账簿或者保管记账凭证和有关资料的且拒不接受税务机关处理的；

（3）未按照规定将财务、会计制度或者财务、会计处理办法和会计核算软件报送税务机关备查的且拒不接受税务机关处理的；

（4）未按照规定将其全部银行账号向税务机关报告的且拒不接受税务机关处理的；

（5）未按照规定安装、使用税控装置，或者损毁或者擅自改动税控装置的且拒不接受税务机关处理的；

（6）扣缴义务人未按照规定设置、保管代扣代缴、代收代缴税款账簿或者保管代扣代缴、代收代缴税款记账凭证及有关资料且拒不接受税务机关处理的；

（7）纳税人未按照规定的期限办理纳税申报和报送纳税资料的，或者扣缴义务人未按照规定的期限向税务机关报送代扣代缴、代收代缴税款报告表和有关资料的且拒不接受税务机关处理的。

大家先自查一下吧！

33 Q：零申报不等于可以不申报。

A：案由：某公司202×年成立，办理完验资后一直没有经营业务，后来把注册资金也抽回了。因为没有业务，所以税务方面一直没有办理纳税申报。

202×年公司想注销，先到税务部门，吃了罚单4 000多元，原因是公司有六年多没有进行纳税申报。公司人员的理由是我们没有经营，啥都没干，不用缴税，所以就没申报。

这里给大家提个醒，零申报不等于可以不申报。

根据《中华人民共和国税收征收管理法》第六十二条规定：纳税人未按照规定的期限办理纳税申报和报送纳税资料的，或者扣缴义务人未按照规定的期限向税务机关报送代扣代缴、代收代缴税款报告表和有关资料的，由税务机关责令限期改正，可以处二千元以下的罚款；情节严重的，可以处二千元以上一万元以下的罚款。

34 Q：做供暖运营的公司，预收的半年电费作递延收益合适吗?

A：作递延收益不太合适，更符合预收账款的性质。

请看下面解释：

递延收益是指企业尚待确认的收入或收益，即暂时未确认的收益，包括尚待确认的劳务收入和未实现融资收益等，它在以后期间内分期确认为收入或收益，带有递延性质，对此会计上设置“递延收益”科目进行核算，如政府补助。

预收账款是指企业按照合同规定向购货单位或接受劳务单位预收的款项，它在以后商品发送或劳务提供时一般一次确认为收入，不带有递延性质，对此会计上设置“预收账款”科目进行核算，如预收货款或预收劳务款。

递延收益和预收账款都带有预收性质，但前者需要递延，后者不需要递延，因此，二者分别通过不同的会计科目进行核算。

“递延收益”和“预收账款”二者都属于流动负债性质的科目，但是

"递延收益"是属于内部负债性质的科目，应按照其内容设置明细科目，进行明细分类核算；而"预收账款"是属于外部负债性质的科目，因此应按照债权人设置明细科目，进行明细分类核算。

它们都属于过渡性科目：递延收益和预收账款，一般都是向对方发送商品或提供劳务时，转为收入并予以确认，因此都属于过渡性科目。但是预收账款是在发送商品或提供劳务时一次转为收入，而递延收益是在对外提供劳务时，分期转为收入或收益，即递延收益一般需要在未来期限内合理地进行分摊。

35 Q：可供出售金融资产期末要按照公允价值进行计量吗？

A：资产负债表日，按公允价值调整可供出售金融资产的价值：

如果是股权投资，期末公允价值高于此时的账面价值时：

借：可供出售金融资产——公允价值变动

　　贷：其他综合收益

期末公允价值低于此时的账面价值时，反之即可。

其他综合收益是权益类科目，如表3-1所示。

表3-1　　其他综合收益体现

所有者权益：
股本
其他权益工具
其中：优先股
永续债
资本公积
减：库存股
其他综合收益

36 Q：中国购买美债问题你可能不知道的那些事儿。

A：美国国债（US Treasury Securities）是由美国政府在全世界发行、大家自由认购的欠条。这个欠条的基本条件是“30年到期还本，30年内每年支付利息（目前年息4.4%）”。几十年来，每年都有新债券发行，已经发行并被买家认购了的，则在世界证券市场上流通。投资者最经常购买的理财产品，就是股票、债券和基金。由于发行以来，美国政府忠实并严格地执行了按月付息和到期还本的承诺，这个债券在全世界有极高的信用。

在投资界，它是收益较高，最稳定可靠的、可以互相倒卖的一种产品（其他产品如股票、基金，都有相当的风险，银行存款则利息太低，且有银行倒闭的危险）。

广义来说，债券任何人都可以发行，私人间借钱写一个字据，那也是债券。伊拉克政府没钱了，津巴布韦政府没钱了，都可以发行债券。只是那种债券信用很低。那为什么单单美国的债券受到大家的青睐，都愿意持有呢？除了美国政府强大以外，只有两个字：信用。

美国政府数十年以来对发行的债券严格执行付息和还本的义务。我拿了美国债券那算不算美国政府欠我钱？算，也不算。根据债券（合同），美国政府只是30年后欠你一次还本；中间每年只欠你利息，你可以按年或按月取现。

我拿了美国债券能不能找美国政府还钱？对不起，这个不行。买债券时已经说清楚了，30年还本，其他时间只能按年（月）得到利息。那我急用钱怎么办？美国债券是全世界流通的，你可在金融市场上出售给任何愿意接手的人，当然售价由当时的市场决定。

（1）中国哪里来的钱买美国国债？

美国债券当然是用外汇，即美元买的。

首先需要知道的是，中国如此巨额的外储是怎么来的。

①出口。

依托长三角、珠三角的企业，广大民工长期的辛苦和进出口商人，中国保持了几十年越来越旺的出口规模，也支撑了大量的民工就业。我国长期出口增长强劲，出口到外国的商品都是以外币（主要是以美元为主）结算，这就造成厂商用商品换来的都是美元，厂商回到国内肯定还要重新买原料组织生产，给工人发工资，或者扩大再生产，而美元在国内是不流通的，于是厂商就找到了银行，用手里的美元把人民币换出来。这里“厂商找到银行”，更准确地说，是国家“强迫”要求厂商把收到的外汇“卖给”国家，称作“强制结汇”。国家不容许厂商手里持有外币，这个涉及国家金融安全（其实国家实行外汇管制，厂商手里有美元，没有进出口权也没法花）。不要小看了这个长期强劲的出口：它解决了数亿万农民工的就业问题，提升了人民的生活水平，造就了那么多小康家庭。没有这个出口，长三角、珠三角很可能会面临经济萧条。

②境外对中国投资。

由于人民币持续升值等原因，外资希望流入中国投资，那么外资手里的外币在我国不能自由兑换，也要通过种种方式经中国人民银行转变为人民币。以上说的其实就是我们总在媒体上看到的“我国经常账户（外贸往来）和资本账户（外国投资）的双顺差”，即造成外汇储备的持续高增长。但是，对应这些新增的人民币的来源归根结底都是中国人民银行。银行一手收入美元，另一手要把等额的人民币“换”给厂商在境内使用。这里用于兑换美元的人民币，是中国人民银行先发行央票（你可以理解为一种债券），然后新印制发行的钱。问题来了，因为贸易或者外资进入，就要发“新”钱，是不是就造成了所谓的“输入型通胀”？我的回答是：不全是。这就是央票的作用，央票已经吸收了一部分流动性。这时发新钱不过是补偿了因为央票丧失掉的流动性。但是，当贸易或外商投资增速过猛，发行央票的速度赶不上这一增速的时候，就成为“输入型通胀”的原因之一。这是后话。

回到正题，你应该可以看出来，我国拥有的如此庞大的外汇储备，其实并不“欠谁的”，流入的外币我们都用人民币还了。所以国家手里有了如此巨大的外汇储备（闲钱），其去向当然是关系到我国甚至世界的经济金融发展。而且，维持一定量的外储是维系汇率的工具之一（这是题外话，就不多说了）。

（2）为什么不全花掉？为什么不做其他的投资，而是要买美国国债？

这一点经常误导大众，看到很多人说中国人辛辛苦苦赚的钱却拿去养美国人，这句话漏洞百出，不值一驳。钱太多，花不掉。中国每年也会在国外买东西，同样会花一大笔，但是出口实在太多，花不完。而且中国不是想买什么就买什么，比如高科技的一些技术、设备、武器等，外国对中国出口有限制。其实中国的外汇也不全是买美国国债，有部分是做其他的，比如买黄金、投资等。但是这么一笔巨额的外汇资金，只做这些小投资是消化不了的。那还能做什么呢？放着不动？资产不利用，不现实。存银行？利息太低。买外国股票？可能真买了一些，但是不可能大批量，一是不安全（跌了谁负责），二是没那么多专家天天盯着市场。买别国国债？俄罗斯、伊拉克、津巴布韦都发行债券，开玩笑吧。选来选去，只有买美国国债比较合适：①有保障（美国国力强，安全，信用稳定）；②用得掉（美国国债发行量大）；③回报率尚可，每年大约4%的利息。钱是已经在手上了，与其干看着，不如得点利息，而且还保本。

中国政府决定大规模购买美国国债的国家行为绝对不是银行几个操作员甚至行长的事，有人对美国国债还是有疑虑，总觉得美国占了中国便宜，其实这是一种完全商业化的行为，没有谁逼谁，购销双方完全自愿。

美国国债安全吗？比大多数股票投资安全。看看现在股市的起落无常就明白了。

美国国债贬值怎么办？美国故意印钞票怎么办？美国不想还怎么办？先说一个数据，中国虽然购买美国国债量大，但并不是最大的。中国购买了美国总国债的百分之七，日本比中国少一点，其他国家也购买了一部分。另外，美国国债最大的买主是美国国内的银行、机构和美国人民，占30%—40%（大家可以查一下数据）。美国要赖账，要故意贬值，没等中国不同意，美国最大的债主，也就是他们自己国内的公司和民众就先闹开了。

中国不买美国国债，美国会不会很惨？不会，中国购买比例不算最大，影响不是灾难性的。那我们可不可以叫美国马上还钱？别开玩笑了。买债券时双方已经交代清楚了，到期（一般30年）还本，没到期只能取利息。另外，债券可以到市场上公开出售，售价由市场决定。美国为什么可以卖出16万亿美元国债？因为美国从来都是规规矩矩按时还清本息，而且其回报率很好。这样下次发国债的时候，才会有人来买。

再强调一次：中国政府购买美国国债是一种商业行为，不是说做决定的人没有经过审慎思考，白白给美国钱花。再指出一点：归根结底这是一个钱放在哪里好的问题。当然有很多地方都可以投资赚钱，可能回报率比美国国债高，说到这里又回到我的正文。重点是，那么大笔的重要的资金，安全才是第一位的，回报率是第二位的！

再说说外汇储备（简称外储）。外储，顾名思义都是储在手里的外汇，这些在国内也不流通的钱，必定要用到国外去，还要具有稳定的收益，究竟怎么用呢？不外乎有以下几种方法：

第一，购买外国和一些机构的债券。在国际市场上，安全有收益的债券不多，美债是其中之一，每年收益率稳定不说，美国还是世界上的超级大国，安全就更有保障。你说能不买吗？至于“两房”债券（美国住房抵押贷款机构“房地美”和“房利美”发行的住房抵押债券），即使它跌成垃圾，其实，对我们的收益也不会有影响，因为我们是持有债券，而不是交易债券，所以，只要“两房”不倒闭［事实上这两家公司已经Too big to fall（大而不倒）］，票面上的利率不变，对我们的收益就没有影响。有人说了，那鸡蛋总不能放在一个篮子里啊！没错，中国是少量持有一些欧洲债券和日本债券的，不过首先，他们发行债券的规模很小，其次，这些债券的安全性也不如美债。这不，欧洲刚闹出一个债务危机嘛，葡萄牙（Portugal）、意大利（Italy）、爱尔兰（Ireland）、希腊（Greece）和西班牙（Spain）王国赖账的可能性可是很大的哟（而美国赖账的几率几乎为0）。所以，对于我们上万亿美元的外储而言，首要且权重最大的就是美债。所谓分散风险的一些投资占比其实很小（包括下文要探讨的“2、3、4”三种选择），因为没有什么产品的规模能够承担我们巨额的外储，而且还能获得稳定收益。

第二，境外股权投资。我国在2007年9月29日成立了主权财富基金——中国投资有限责任公司（China Investment Corp.，简称中投公司），主要工作之一就是境外股权投资，从这家公司的投资风格可以看出来，它投的都是业绩长期看好的大型企业，从摩根士丹利、黑石到香港大宗商品贸易商来宝集团、印尼最大的热煤生产商布米资源公司（PT Bumi Resources）等，中投公司还在固定收益产品、对冲基金和私募股权基金中配置了数十亿美元，从投资策略来说，是非常稳健且完整的。我敢说，有识之士应该还是比较认同这种策略的，当然，由于择机不对，遭遇2009年金融危机，摩根士丹利、黑石股价大跌，造成中投公司账面上浮亏超60%，于是又继续追加投资摊薄成本，从而立刻被金融“精英”们骂得狗血淋头。这里的确有操作的因素在里面，不过，账面上的短期浮亏从长期来说是可以扭转的，作为主权财富基金的中投公司来说，不同于对冲基金，不会迅速地频繁地买入、卖出所持有的资产，在这点上他们还是很有耐心的。而且在金融危机中，中投公司相对全球各主权基金投资的平均损失程度要小很多，单纯以“败仗”论处似乎有失公允（当然，我不是五毛党，2008年9月，中投公司在美国斥资54亿美元买入的一只货币基金也由于跌破净值而遭遇大规模赎回潮并最终清盘，这是真正的亏损）。不过，2009年中投公司全球投资组合回报率由负转正，达11.7%。在付出昂贵学费之后，中投公司交出了第一份成绩不俗的答卷。

第三，购买外国高科技产品。很简单，我们想买，人家不卖。对每种高科技产品来说，中国每次买回一两个，然后就能“复制”出来，“老外”已经怕了。而且，很多高科技产品背后涉及国家安全问题，所以你出多少钱人家也不可能卖给你。另外，即使外国同意卖给你这些高科技产品，几个样品对解决我们庞大的外储而言不过是杯水车薪。

第四，在国际市场上投资粮食、石油等大宗商品。这类操作可以少量进行，但绝对不是主流，因为这个决策本身就是一桩亏本的买卖，大宗商品的价格变化是非常敏感的，只要稍微有风吹草动，说中国主权基金要投资大宗商品了，大宗商品就可能会狂涨；那边说中国主权基金要抛售大宗商品了，大宗商品就可能会狂跌，而其他国际炒家就会与中国反向操作，这样，中国还没行动，实际上就已经亏损了（前阵子传过一些这样的谣言，就造成了市场波动）。而且，这对中国的其他大宗商品进口商来说有巨大的损害，他们并不能承受如此巨大的市场波动。

第五，大家把这些钱分了吧。你要知道，分到你手上的都是外汇，在中国境内是不流通的，中国老百姓境外投资无门，拿着这些钱在中国又什么都不能买，所以还得找中国人民银行换回来，于是外汇又流到了中国人民银行手里，这不是折腾吗？而且，这一来一去凭空多出的流动性势必造成通胀，每个人都拿到钱等于都没拿到，生产力并没有增加，中国人民银行还得想方设法发债把多余的流动性吸收回来。最后对经济什么好处也没有。

37 Q：现金流量表附表资料中的数据，其核心是什么？

A：现金流量表附表资料中的财务费用，可以分别归属于经营活动、投资活动和筹资活动。

对属于经营活动产生的财务费用，若既影响净利润又影响经营活动现金流量的业务，则不需进行调整，如支付的借款利息；若影响净利润但不影响经营活动现金流量的业务，应通过调整经营性项目本身完成，如应收票据贴现业务，计入财务费用的金额应通过调整经营性应收项目的减少（减：增加）项目完成。

对属于投资活动和筹资活动产生的财务费用，只影响净利润，但不影响经营活动现金流量，应在净利润的基础上进行调整。

也就是说，与投资活动和筹资活动有关的财务费用应全额考虑，与经营活动有关的财务费用不予考虑。

38 Q：税率下调后，采购合同价格和销售合同价格都会有所下降，要想保持原价，需要做些什么？

A：对于税率的调整，可能会给企业履行合同带来潜在的法律风险。这是基于增值税固有的特性，即增值税系价外税，我们通常看到增值税发票中有商品的单价、数量、金额以及税率、税款，价税合计即为我们出售给买方的最终的价格。

税率的调整，意味着买方可以认证抵扣的税款减少，作为买方，是否可以依法少付相应的税率降低部分的款项？因此，为避免合同履行中产生这种不必要的纠纷，财务人员要做好下面两件事：

（1）梳理长期合同；

（2）进项税发票抵扣问题。

39 Q：公司需要咨询一些事项，与个人签劳务合同、与公司签咨询合同哪个省钱？

A：公司在经营过程中为了节税，有时选择与私人打交道，这样可以降低成本吗？我们举个例子：

假如公司需要技术咨询服务，和咨询公司签订合同是10万元，和个人签署服务协议是7万元，实际的成本和税金是怎样的？

（1）与咨询公司签订咨询服务合同。

可以取得10万元发票，其中：进项税0.566万元（增值税税率6%），成本9.434万元，进项税可以抵扣增值税。现金流出10万元。

（2）劳务报酬所得。

劳务报酬所得，每次收入不超过4 000元的，减除费用800元；4 000元以上的，减除20%的费用，其余额为应纳税所得额。

劳务报酬所得，税率为20%。对个人一次取得劳务报酬，应纳税所得额超过2万元至5万元的部分，依照税法规定计算应纳税额后再按照应纳税额加征五成；超过5万元的部分，加征十成。

劳务报酬所得，属于一次性收入的，以取得该项收入为一次；属于同一项目连续性收入的，以一个月内取得的收入为一次。劳务报酬所得应纳税额的适用税率表参见表3-2。

表3-2　　劳务报酬所得应纳税额的适用税率

应纳税所得额	税率	速算扣除数
2万元以下	20%	0
2万—5万元	30%	2 000
5万元以上	40%	7 000

4 000元以下劳务报酬收入，劳务报酬应纳税额=（劳务报酬收入−800）×20%。

4 000元以上劳务报酬收入，劳务报酬应纳税额=劳务报酬收入×（1−20%）×税率−速算扣除数。

（3）与设计师签订劳务合同，如果约定税后收入是7万元，则公司需要承担个人所得税，实际计入成本费用的劳务费为9.2647万元；

（4）与设计师签订劳务合同，如果约定税前收入是7万元，公司需要承担个人所得税代扣代缴义务，按照劳务所得，需要扣税1.54万元，设计师实际得到5.46万元。

省钱及省多少钱？还不一定。

40 Q：工资总额与应付职工薪酬是什么关系？

A：工资总额指的是各单位在一定时期内直接支付给本单位全部职工的劳动报酬总额，其中包括计时工资、计件工资、与生产有关的各种经常性奖金以及根据法令规定的各种工资性质的津贴等。工资总额除按全部职工计算外，还要按各类人员分别计算。它是工资计划管理的一个重要指标，也是计算平均工资的依据。工资总额的计算应以直接支付给职工的全部劳动报酬为根据。工资总额由下列六个部分组成：（1）计时工资；（2）计件工资；（3）奖金；（4）津贴和补贴；（5）加班加点工资；（6）特殊情况下支付的工资。

应付职工薪酬是企业根据有关规定应付给职工的各种薪酬，按照工资、奖金、津贴、补贴、职工福利、社会保险费、住房公积金、工会经费、职工教育经费、解除职工劳动关系补偿、非货币性福利、其他与获得职工提供的服务相关的支出等应付职工薪酬项目进行明细核算。

工资总额不是会计科目，而应付职工薪酬是会计科目。

应付职工薪酬贷方反映计提数据，借方反映发放或支出数据。要想知道一个会计期间支付的工资总额，可以从会计科目——应付职工薪酬中得到相关数字，即从应付职工薪酬中工资、奖金、津贴、补贴借方发生额（支付金额）中得到相关数。

41 Q：怎样计算保本销售额（量）？

A：计算保本销售额（量）需要做到以下几点：

（1）打破利润表思维模式，形成大收入、大成本的模型；

（2）计算销售平均单价，因为实际工作中单价往往在一定区间内波动；

（3）确定固定成本；

（4）确定单位变动成本。

具体明细如下：

（1）保本销售额。

保本销售额是指总销售收入和总成本相等，既无盈利，也不亏损，正好保本的销售量（额），保本点销售量=固定成本总额÷（产品单价－单位变动成本）。

（2）固定成本。

固定成本（Fixed Cost，又称固定费用）相对于变动成本，是指成本总额在一定时期和一定业务量范围内，不受业务量增减变动影响而能保持不变的成本。

折叠特征：

①成本总额不随业务量而变，表现为一固定金额；

②单位业务量负担的固定成本（即单位固定成本）随业务量的增减变动呈反比例变动。

分类：

固定成本通常可区分为约束性固定成本和酌量性固定成本。

折叠约束性固定成本：

为维持企业提供产品和服务的经营能力而必须开支的成本，如厂房和机器设备的折旧、财产税、房屋租金、管理人员的工资等。由于这类成本与维持企业的经营能力相关联，也称为经营能力成本（Capacity Cost）。这类成本的数额一经确定，不能轻易改变，因而具有相当程度的约束性。

折叠酌量性固定成本：

企业管理当局在会计年度开始前，根据经营、财力等情况确定的计划期间的预算额而形成的固定成本，如新产品开发费、广告费、职工培训费等。由于这类成本的预算数只在预算期内有效，企业领导可以根据具体情况的变化，确定不同预算期的预算数，所以，也称为自定性固定成本。这类成本的数额不具有约束性，可以斟酌不同的情况加以确定。

（3）单位变动成本。

单位变动成本是指单位商品所包含的变动成本平均分摊额，即总变动成本与销量之比。

单位变动成本的计算公式：

①单位变动成本的计算公式。

目标利润=总收入－总支出=销售量×（单价－单位变动成本）－固定成本

单价－[（总收入－总支出+固定成本）÷销售量]=单位变动成本

或者

单价－[（目标利润+固定成本）÷销售量]=单位变动成本

可以由此得出，利润既然不确定，那么单位变动成本也就不好确定。

②财务上固定成本和变动成本的划分。

a.在财务上固定成本和变动成本是如何划分的？

在财务上，固定成本和变动成本的划分，一般是看该成本项目是否随产销量的变化而变化。若随着产销量变化而逐步增大的成本项目，则是变动成本；不随产销量变化而变化的成本项目，则为固定成本。

b.对于这两种成本有什么控制办法?

变动成本，一般包括产品的原材料费用及直接工人计件工资。由于这部分成本增加与产量成正比，故应在降低原材料采购成本、制定经济批量、制定绩效奖金以调动工人积极性、提高良品率等方面入手。

固定成本，一般包括直接工人的固定工资、生产管理人员工资、房租（或自有厂房折旧）、机器设备折旧、机器维修保养费用等。由于这部分成本费用不随产量的增加而增加，每月的变动额不大，所以是随着产量的增加而降低单位成本的，因此提高产量是降低固定成本最直接的方法。

保本销售额（量）是管理会计中本量利分析的重要指标，对企业财务管理、投资决策有重要意义。作为财务管理人员应该熟练掌握。

42 Q：股权激励与股份支付是怎么一回事?

（1）股权激励。

通俗地说，就是给管理层的奖励机制。如果管理层达到相应的业绩，可以让他们按照某个合适的价格来购买这个公司的股票，能够赚取差价。

股权激励必须做对、做好，才能达到预期效果。需要注意以下几点：

①选对人。

什么样的人才能获得股权激励?能力是很重要的一方面，更关键的另一方面是，是否认同企业的未来、是否能与企业现有股东相匹配、是否能够与企业长期共同发展。从能力角度来看，所选人员的才能必须是企业发展中所极度欠缺的短板，通过这种高成本的方式获得核心人才，他也必须能够大步地促进企业发展。这种方式与企业接受风险投资是一样的道理，因此企业也应当以引入风投的谨慎来对待这件事情。

②选对方式。

股权类别有多种，比如期权、期股、实股、虚拟股权等；受让方式也存在多种，比如现金购买、折价购买、分红购买等多种方式。因此，企业要根据具体情况进行选择。比如对于高级但非核心的人才引进，则可采用虚拟股权，参与分红但无相关权利，这是一种最为灵活的安排，不过激励效果也最差。而相应地，受让人可以以现金全价购买实股，这种方式也就表示他将自己和企业紧密地结合在了一起，这已经构成他的一项重要投资。股权类别和受让方式可以进行灵活的组合，这样就产生出多种激励效果的股权激励方式。

③分阶段授予。

股权授予也可以分阶段授予。分阶段授予实际上给企业和引进人才一定空间，允许双方近距离地深入考察和磨合。分阶段授予则也意味着给企业和人才一个更长期的考核、验证的理性思考过程。企业在引进高级人才问题上，往往有一种既自卑又焦虑的心态，将某个人才看得很重，又担心自己庙太小、条件谈不拢等。

④与业绩挂钩。

股票激励应当与受让人的业绩挂钩。也就是说，要拿业绩来说话。而一旦做出业绩，那么受让人也完全是得其所哉。这恐怕是任何企业都会想到的，但问题是，由于对绩效本身以及影响绩效的若干因素的变化，可能造成不同结果，比如受到政策、行业大势等的影响，造成未达到绩效目标；或行业爆发期也可能让其搭上顺风车，业绩大增，此种情况下老板是否愿意兑现承诺呢？这些不成为问题的问题似乎也成了问题，至少在不同人的不同立场上看来各具理由，难以简单评判。

⑤服务时间约定。

服务时间也应当成为股权授予中一个非常重要的环节，这个时间实际上构成了双方对自己付出与所得的一个时间边界。过于宽松的时间限定，甚至没有明确的时间限制，都是不合理的。

⑥退出安排。

中小企业的老板是绝对的核心，在这个角度上看，老板是一个资源整合者的角色，整合资本、人才以及其他生产要素，因此也就必然出现一个人员的持续流动。用一句似乎绝情但又绝对正确的话来说，就是“不同的阶段团结不同的朋友”。正是这个原因决定了，企业必须对人员的退出方式作出合理安排。实际上，退出方式对企业是有不同成本代价的，而对人才则也存在不同的代价和收益，其关键是平等、好合好散。

（2）股份支付。

股份支付，是“以股份为基础的支付”的简称，是指企业为获取职工和其他方提供服务而授予权益工具或者承担以权益工具为基础确定的负债的交易。股份支付分为以权益结算的股份支付和以现金结算的股份支付。

股份支付在财务处理上需要将这笔费用按照授予日的公允价值分期计入企业的费用中，会增大企业的费用，减少企业的利润。

所以，中小企业在使用股权激励时，必须谨慎操作。

43 Q：企业为什么需要搞股权激励？

A：股权激励是目前各行业最流行的激励手段，通过虚拟股权、干股分红、渐进式激励等方式激发员工热情、吸引外部人才、提升企业凝聚力、减少企业即期成本。

股权激励是一种通过给予管理层以及骨干以公司股权的形式，使其与公司的利益达成一致，达到公司与持股个人利益的更高度统一，在长期的合作中实现互利双赢。

股权激励对员工的好处是员工有条件的可以享受部分股东权益。股权激励是对员工进行长期激励的一种方法，是企业为了激励和留住核心人才，而推行的一种长期激励机制。有条件地给予激励对象部分股东权益，使其与企业结成利益共同体，从而实现企业的长期目标。股权激励的优势主要有：

（1）股权激励可以建立企业的利益共同体。

一般来说，企业的所有者与员工之间的利益是不完全一致的。所有者注重企业的长远发展和投资收益，而企业的管理人员和技术人员受雇于所有者，他们更关心的是在职期间的工作业绩和个人收益。二者价值取向的不同必然导致双方在企业运营管理中行为方式的不同，且往往会发生员工为个人利益而损害企业整体利益的行为。实施股权激励的结果是使企业的管理者和关键技术人员成为企业的股东，其个人利益与公司利益趋于一致，因此有效弱化二者之间的矛盾，从而形成企业利益的共同体。

（2）股权激励可以进行业绩激励。

实施股权激励后，企业的管理人员和技术人员成为公司股东，具有分享企业利润的权利。经营者会因为自己工作的好坏而获得奖励或惩罚，这种预期的收益或损失具有一定导向作用，它会大大提高管理人员、技术人员的积极性、主动性和创造性。员工成为公司股东后，能够分享高风险经营带来的高收益，有利于刺激其潜力的发挥。这就会促使经营者大胆进行技术创新和管理创新，采用各种新技术降低成本，从而提高企业的经营业绩和核心竞争能力。

（3）股权激励可以约束管理层短视行为。

传统的激励方式，如年度奖金等，对经理人的考核主要集中在短期财务数据，而短期财务数据无法反映长期投资的收益，因而采用这些激励方式，无疑会影响重视长期投资经理人的收益，客观上刺激了经营决策者的短期行为，不利于企业长期稳定的发展。

引入股权激励后，对公司业绩的考核不但关注本年度的财务数据，而且会更关注公司将来的价值创造能力。此外，作为一种长期激励机制，股权激励不仅能使经营者在任期内得到适当的奖励，并且部分奖励是在卸任后延期实现的，这就要求经营者不仅关心如何在任期内提高业绩，而且还必须关注企业的长远发展，以保证获得自己的延期收入，由此可以进一步弱化经营者的短期化行为，更有利于提高企业在未来创造价值的能力和长远竞争能力。

（4）股权激励可以留住人才。

在非上市公司实施股权激励计划，有利于企业稳定和吸引优秀的管理人才及技术人才。实施股权激励机制，一方面可以让员工分享企业成长所带来的收益，增强员工的归属感和认同感，激发员工的积极性和创造性。另一方面，当员工离开企业或有不利于企业的行为时，将会失去这部分的收益，这就提高了员工离开公司或“犯错误”的成本。因此，实施股权激励计划有利于企业留住人才、稳定人才。

44 Q：如何确定股份支付权益工具的公允价值？

A：股份支付中权益工具的公允价值的确定，应当以市场价格为基础，一些股份和股票期权并没有一个活跃的交易市场，在这种情况下，应当考虑估值技术。

通常情况下，企业应当按照《企业会计准则第22号——金融工具确认和计量》的有关规定确定权益工具的公允价值，并根据股份支付协议的条款和条件进行调整。

下面就如何进行股份支付权益工具公允价值的确定作几点说明：

（1）股份。

对于授予职工的股份，企业应按照其股份的市场价格计量。如果其股份未公开交易，则应考虑其条款和条件估计其市场价格。例如，如果股份支付协议规定了期权股票的禁售期，则会对可行权日后市场参与者愿意为该股票支付的价格产生影响，并进而影响该股票期权的公允价值。

有些授予条款和条件规定职工无权在等待期内取得股份的，则在估计所授予股份的公允价值时就应予考虑。

有些授予条款和条件规定股份的转让在可行权日后受到限制，则在估计所授予股份的公允价值时，也应考虑此因素，但不应超出熟悉情况并自愿的市场参与者愿意为该股份支付的价格受到可行权限制的影响程度。

在估计所授予股份在授予日的公允价值时，不应考虑在等待期内转让的限制和其他限制，因为这些限制是可行权条件中的非市场条件规定的。

（2）期权。

对于授予职工的股票期权，因常常无法获得其市场价格，企业应当根据用于股份支付的期权的条款和条件，采用期权定价模型估计其公允价值。在这些模型中，企业应当考虑股份在授予日的公允价值、无风险利率、预计股利、股价预计波动率、标的股份的现行价格、期权有效期等参数。

对于授予职工的股票期权，因其通常受到一些不同于交易期权的条款和条件的限制，因而在许多情况下难以获得其市场价格。如果不存在条款和条件相似的交易期权，就应通过期权定价模型估计所授予的期权的公允价值。

在选择适用的期权定价模型时，企业应考虑熟悉情况和自愿的市场参与者将会考虑的因素。所有适用于估计授予职工期权的定价模型至少应考虑以下因素：

①期权的行权价格；

②期权期限；

③基础股份的现行价格；

④股价的预计波动率；

⑤股份的预计股利；

⑥期权期限内的无风险利率。

会计人员需要具备一定的统计学知识才能利用B-S期权定价模型估计期权的公允价值，一般情况下应利用专门的计算软件估计。

此外，企业选择的期权定价模型还应考虑熟悉情况和自愿的市场参与者在确定期权价格时会考虑的其他因素，但不包括那些在确定期权公允价值时不考虑的可行权条件和再授予特征因素。确定授予职工的股票期权的公允价值，还需要考虑提前行权的可能性。

45 Q：新成立公司在哪个银行开户比较好?

A：国内的银行比较多，可以分为三大类：

（1）国有四大银行：工商银行、中国银行、建设银行、农业银行；

（2）上市银行（除国有四大银行外）：如招商银行、北京银行等；

（3）非上市地方银行。

选择开户行建议考虑以下几点：

（1）资金的安全性；大的银行相对安全性高一些，但服务质量不好说，而且开户有资金额的门槛，有的银行开办资金（注册资金到账）50万元起。

（2）服务质量好：有的银行店大欺客，所以如果你是规模不大的公司，还是选择和自己比较匹配的银行比较好。

（3）费用比较低：银行收费也是必须要考虑的因素，如管理费、回单柜费用，再有就是汇款手续费，特别是培训机构，会发生大量的收取学费和支付讲课费等，会发生比较多的汇款业务，免费是最好的；

（4）理财收益比较高：公司有闲置资金时可以做一些7天通知存款等理

财产品，利率相对高一些，也可以给公司带来不错的收益。

总之：银行是一个典型的“嫌贫爱富”的地方，选择哪家银行开户，需要综合考虑。

46 Q：社保基数面临调整，哪些收入不纳入社保基数？

A：以下25项工资福利不是社保的基数（不管在工资里核算还是福利费里核算，不管缴不缴个税，都不算社保的基数）：

（1）探亲路费；

（2）冬季取暖补贴；

（3）防暑降温费；

（4）独生子女补贴；

（5）工作服洗补费；

（6）托儿补助；

（7）独生子女费；

（8）职工死亡丧葬费及抚恤费；

（9）职工生活困难补助；

（10）劳动保护的各种支出；

（11）离休、退休、退职人员待遇的各项支出；

（12）出差补助；

（13）误餐补助；

（14）解除劳动合同时由企业支付的医疗补助费、生活补助费以及一次性支付给职工的经济补偿金；

（15）劳务派遣单位收取用工单位支付的人员工资以外的手续费和管理费；

（16）参加企业劳动的在校学生的补贴；

（17）单位缴纳的各项社会保险、住房公积金；

（18）国务院发布的有关规定发放的创造发明奖、国家星火奖、自然科学奖、科学技术进步奖；

（19）支付的合理化建议和技术改进奖；

（20）运动员取得在重大体育比赛中的重奖；

（21）调动工作的旅费和安家费中净结余的现金；

（22）献血员营养补助；

（23）职工的股息分红、债券利息（不属于工资福利）；

（24）支付给从保安公司招用的人员的补贴；

（25）直接支付给劳务派遣公司的费用。

47 Q：微信和支付宝收付款算现金收支吗？

A：随着支付方式的不断创新，实际生活中现金交易也越来越少，微信（支付宝）转账已经变得十分普遍。

微信和支付宝收付款算不算现金收支？

微信和支付宝应该算其他货币资金，可以计入其他货币资金科目，下设微信和支付宝二级明细。

具体账务处理是：

（1）微信或支付宝转账购买办公用品的：

借：管理费用——办公费

　　贷：其他货币资金——微信/其他货币资金——支付宝

（2）微信或支付宝收到销售款的：

借：其他货币资金——微信/其他货币资金——支付宝

贷：主营业务收入

应交税费——应交增值税——销项税

（3）转入银行的：

借：银行存款

贷：其他货币资金——微信/其他货币资金——支付宝

48 Q：公司员工的电话费发票是否可以报销入账？

A：从2008年1月1日开始，企业根据其自身的相关规定发放的与取得应纳税收入有关的办公通信补贴，计入职工工资薪金，按工资薪金税前扣除的规定处理。票据为个人名头的个人通信费支出不允许在企业所得税前扣除。

也就是说，发放通信费不需要员工个人电话费发票，一并并入工资薪金。

49 Q：私车公用、租赁费和报销费税务上如何处理？

A：根据《北京市地方税务局关于明确若干企业所得税业务政策问题的通知》（京地税企〔2003〕646号）文件的规定：对纳税人因工作需要租用个人汽车，按照租赁合同或协议支付的租金，在取得真实、合法、有效凭证的基础上，允许税前扣除；对在租赁期内汽车使用所发生的汽油费、过路过桥费和停车费，在取得真实、合法、有效凭证的基础上，允许税前扣除。

其他应由个人负担的汽车费用，如车辆保险费、维修费等，不得在企业所得税税前扣除。

50 Q：国外票据是否可作为报销凭证？

A：根据《中华人民共和国发票管理办法》第三十四条的规定，单位和个人从外国境外取得的与纳税有关的发票或者凭证，税务机关在纳税审查时有疑义的，可以要求其提供境外公证机构或者注册会计师的确认证明，经税务机关审核认可后，方可作为记账核算的凭证。

51 Q：税务局代开发票需要盖收款方的章吗？

A：这需要看代开发票是增值税普通发票还是专用发票。专用发票需要盖收款方的章，普通发票不需要盖收款方的章，而是需要加盖税务机关代开发票专用章。

52 Q：记账凭证不装订违反了什么？

A：最近等级评估时发现，有些单位记账凭证长期不装订，散落着，有些用橡皮筋捆着，还有的单位将记账凭证装在信封里。那么，记账凭证不装订违反了什么规定？

根据《关于印发〈北京市会计基础工作规范实施细则〉的通知》（京财会〔1996〕353号）中：

> 记账凭证的装订：装订记账凭证原则上以一张记账凭证汇总表为一册，也可分订两册以上，用分数号编号；如记账凭证较少，也

可将二张或三张记账凭证汇总表的记账凭证合并装订一册，但不得跨月装订。

《北京市会计基础工作规范实施细则》是根据《会计法》的规定，结合《企业会计准则》《企业财务通则》和新行业会计制度，并针对我市开展会计工作达标升级活动以来出现的问题制定的。

从上述文件可以看出，跨月装订都是不合规的。

53 Q：关于返聘，你应该知道的内容。

A：《劳动部办公厅对〈关于实行劳动合同制若干问题的请示〉的复函》（劳办发〔1997〕88号）：

关于离退休人员的再次聘用问题。各地应采取适当的调控措施，优先解决适龄劳动者的就业和再就业问题。对被再次聘用的已享受养老保险待遇的离退休人员，根据劳动部《关于实行劳动合同制度若干问题的通知》（劳部发〔1996〕354号）第十三条的规定，其聘用协议可以明确工作内容、报酬、医疗、劳动保护待遇等权利、义务。离退休人员与用人单位应当按照聘用协议的约定履行义务，聘用协议约定提前解除书面协议的，应当按照双方约定办理，未约定的，应当协商解决。离退休人员聘用协议的解除不能依据《劳动法》第二十八条执行。离退休人员与用人单位发生争议，如果属于劳动争议仲裁委员会受案范围的，劳动争议仲裁委员会应予受理。

专项附加扣除通常是在综合所得中扣除，无论是将退休返聘人员薪酬界定为工资薪金所得还是劳务报酬所得，都是属于综合所得范畴，可以减除专项附加扣除。

《国家税务总局关于个人兼职和退休人员再任职取得收入如何计算征收个人所得税问题的批复》(国税函〔2005〕382号)规定:

> 退休人员再任职取得的收入,在减除按个人所得税法规定的费用扣除标准后,按"工资、薪金所得"应税项目缴纳个人所得税。

《国家税务总局关于离退休人员再任职界定问题的批复》(国税函〔2006〕526号)规定:

> 退休人员再任职,应同时符合下列条件:(一)受雇人员与用人单位签订一年以上(含一年)劳动合同(协议),存在长期或连续的雇用与被雇用关系;(二)受雇人员因事假、病假、休假等原因不能正常出勤时,仍享受固定或基本工资收入;(三)受雇人员与单位其他正式职工享受同等福利、社保、培训及其他待遇;(四)受雇人员的职务晋升、职称评定等工作由用人单位负责组织。

符合上述标准的退休返聘人员薪酬可以作为工资薪金所得,对其符合条件的专项附加扣除项目在预扣预缴个税时采用累计扣税法处理。如果不符合上述条件,应作为劳务报酬处理,专项附加扣除在年度汇算清缴期间办理。

54 Q:从参股公司可以得到什么?

A:参股公司不同于控股公司,不能对参股公司的生产、经营进行决策,在股东会和董事会具有的表决权也不具有决定性作用,除了从公司组织架构上好看以外,从参股公司可以得到的可能只有分红了,如果参股公司长期不分红,甚至是亏损,那么投资者就要考虑投资的初衷是什么。以下事项需要投资者关注：

（1）作为投资者，对参股公司不能限制他只买自己的产品，因为自己的产品价格不一定是最优的，质量也不一定是最优的，服务更不一定是最优的；

（2）作为投资者，你的无形资产可能被利用，参股公司可以“挂羊头、卖狗肉”，这种情况是无法避免的；

（3）作为投资者，如果遇到参股公司侵权，很难去诉讼，因为相当于“自己告自己”；

（4）如果控股方是自然人，参股方是法人，一旦参股公司发生债务纠纷，法院找不到自然人，可能法人股东面临诉讼的风险。

投资有风险，参股需谨慎！！！

55 Q：什么是财务集中管理？主要做法是什么？

A：财务集中管理是基于网络环境下建立数据大集中、应用大集成、管理大集权、稳健高效地实现企业战略目标的一种管理模式。

主要做法：

（1）财务集中核算与控制。

该环节包括：

①统一会计核算标准；

②规范财务业务管控流程；

③把控关键业务环节：强化资金结算、协同合同信息、全面资产管理、核算数据实时准确。

（2）全面预算管理。

该环节包括：

①建立预算管理体系；

②预算编制；

③预算控制；

④预算的分析与考核。

（3）构建财务信息集成共享平台。

（4）运用价值链原理，注重价值体系建设。

（5）强化风险源管理，及时掌控财务风险。

（6）运用财务分析工具，提供决策信息支持。

（7）构建安全的财务信息集成网络环境。

56 Q：BT项目与PPP项目的区别。

A：BT项目是指根据项目发起人通过与投资者签订合同，由投资者负责项目的融资、建设，并在规定时限内将竣工后的项目移交项目发起人，项目发起人根据事先签订的回购协议分期向投资者支付项目总投资及确定的回报。大部分BT项目都是政府和大中型国企合作的项目。

PPP模式即“Public Private Partnership”的单词缩写，是指政府与私人组织之间，为了合作建设城市基础设施项目，或是为了提供某种公共物品和服务，以特许权协议为基础，彼此之间形成一种伙伴式的合作关系，并通过签署合同来明确双方的权利和义务，以确保合作的顺利完成，最终使合作各方达到比预期单独行动更为有利的结果。

那么针对BT项目和PPP项目，两者主要区别情况如下：

第一，融资方式区别。

“BT不是PPP的表现形式，其与PPP有着本质区别”。BT是一个短期的融资模式，仅强调建设环节；而PPP强调的是项目建成后的管理，社会资本方通过提高管理效率和质量来获得相应的投资回报，体现的是利益共享和风险共担的政府和社会资本合作的模式。PPP一个突出的特点就是长期性，其期限多在20—30年之间。

第二，合作模式。

在合作方式上，采用BT模式时，政府与企业是垂直关系，即政府授权企业独立建造公共设施；采用PPP模式时政府与企业是合作关系，即政府与企业参股组建项目公司，共同建造和经营公共设施。

第三，支付方式。

在支付方式上，采用BT模式时，企业要垫资施工；采用PPP模式时，企业参与投资、分享运营收益和政府补贴。

第四，风险承担方面。

在风险承担上，采用BT模式时企业要承担较大风险，政府对项目建设过程控制力较弱；采用PPP模式时风险由双方共同承担，政府和企业都要对项目建设、运营负责。

第五，信息对称方面。

在信息是否对称方面，采用BT模式时，政府更多地将精力投放在建设后的运营上，企业则更多地关注回款风险；采用PPP模式时，双方可实现信息共享，共同关注项目的全寿命周期管理。

总结以上信息：PPP模式较BT模式的优点在于其能够更好地配置资源、最大限度地满足各方利益，并将企业的风险降到最低，而这也是BOO、TOT、BOT等模式所欠缺的。PPP模式也因而成为了在海外被广泛应用的模式。

针对我国大力推行实施PPP项目，相关建筑企业应如何将BT项目转为PPP项目模式呢？建议从以下几方面考虑：

（1）社会资本应该拿出资本金独立出资或与政府共同出资，成立一家PPP项目公司。

（2）社会资本与政府的合作应该有运营服务的内容。

（3）政府对PPP项目的付费应该基于项目提供的可用性、提供服务的数量和质量、效果。PPP协议中应该明确付费之前进行考核、评价的标准、程序和内容。

（4）在PPP方案确定之前，应该进行“物有所值”评估，以证明采取PPP模式比政府自己干“划得来”：或者能够节约公共资金，或者能提供更好的服务。如果有国家相关绩效考核标准，应该确保项目能够达到相关绩效标准。

（5）在PPP协议签署之前，应该进行“财政承受能力”论证，通过论证，方可签署协议。

（6）协议应该按照国家发展改革委和财政部的PPP《通用合同》《合同指南》草拟和签署。

（7）社会资本应该具有专业经验，并在项目发起或设计阶段就参与项目，且具备运营维护项目的相关资质。

（8）在项目的发起、社会资本的选择、项目的绩效考核、付费的时间数量等节点都应该做到公开公平，保证公众有充分的知情权和参与权。

（9）PPP合作的期限应在7年以上，不应低于5年。

57 Q：什么是业务财务一体化？

A：业务财务一体化是以业务活动驱动财务管控，财务管控倒逼业务规范，以货币计量和资金监控为手段，对业务全过程进行财务管理和会计核算，为规范业务活动提供支持。

业务是指企业周而复始、持续不断发生的相互依赖的各种生产经营活动事项。

实现业务财务一体化，需要以“业务事项”为载体，以计算机、互联网为环境，应用先进信息技术，将信息系统功能深入业务前端并覆盖业务全流程，按照一定运行规则，以业务流程和数据库为纽带，实现数据互联互通、信息集成共享和业务财务深度融合、相互促进、相互制衡、协同管控，经济业务得到实时监督和有效控制，财务职能得到充分发挥。

58 Q：按照现在的法律法规，哪些医生不能担任股东？

A：四类人要慎重当股东。

第一类：公务员编制的医生。《公务员法》第五十三条第（十四）项规定："公务员必须遵守纪律，不得从事或者参与营利性活动，在企业或者其他营利性组织中兼任职务"。因此，具有公务员编制的医生不得投资公司成为股东。

那么什么是公务员编制的医生呢？

比如各大部委下属的卫生室里面的医生，这些医生具有公务员身份，是不能在公司里当股东的。即使退休后，这些医生在一定时间内也不能在公司持股。

第二类：事业编制医院里担任领导职务的医生或者上级行政机关任命领导职务，参照公务员编制管理的医生，这些医生不能直接对外投资或者做公司股东。

比如各大公立医院的院长们或者达到行政级别的科室主任，这些医生不能当股东。

对于公立医院里其他具有事业编制的非领导职务医生，根据《人力资源和社会保障部关于支持和鼓励事业单位专业技术人员创新创业的指导意见》（人社部规〔2017〕4号）中的规定："支持和鼓励事业单位专业技术人员兼职创新或者在职创办企业。支持和鼓励事业单位专业技术人员到与本单位业务领域相近企业、科研机构、高校、社会组织等兼职，或者利用与本人从事专业相关的创业项目在职创办企业。”公立医院的在职医生作为事业单位专业技术人员，其到企业挂职、兼职创新，在职创办企业，是受到国家支持和鼓励的。因此，具有事业编制的非领导职务医生可以对外投资做股东。

第三类：具有党员领导干部身份的医生。

《中国共产党党员领导干部廉洁从政若干准则》（2010年）第二条规定：禁止党员领导干部私自从事营利性活动，不准个人或者借他人名义经商、办企业，不准个人在国（境）外注册公司或者投资入股。

因此，具有党员领导干部身份的医生对外投资做股东违反党纪，会受到党内职务处分。

第四类：具有现役军人身份的医生。

这点非常清晰，军医不能多点执业，也不能做股东。大家医联（国内首家体制内医生集团）当初有些军医合伙人在办理多点执业的时候就遇到困难，最终放弃。

所以，要想当合法的医生股东，首先需要搞清或摘清自己的身份。

59 Q：接受捐赠，需要开具捐赠什么票据？

A：捐赠收入不属于经营行为，捐赠收入免税。

根据《中华人民共和国企业所得税法》第二十六条及《中华人民共和国企业所得税法实施条例》（国务院令第512号）第八十五条的规定，现将符合条件的非营利组织企业所得税免税收入范围明确如下：

一、非营利组织的下列收入为免税收入

（一）接受其他单位或者个人捐赠的收入；

（二）除《中华人民共和国企业所得税法》第七条规定的财政拨款以外的其他政府补助收入，但不包括因政府购买服务取得的收入；

（三）按照省级以上民政、财政部门规定收取的会费；

（四）不征税收入和免税收入孳生的银行存款利息收入；

（五）财政部、国家税务总局规定的其他收入。

所以，除上述规定免税收入的其他收入均应并入应税所得进行计算缴纳所得税。

60 Q：隐形成本，企业在发展过程中不可忽视。

A：（1）会议成本。

会议是企业解决问题和发布指令的集体活动，但是也是一个高成本的经营活动。因为这个活动往往是很多领导者参与的集体活动，每过一分钟，意味着与会人员都将消耗1分钟，而很多企业的管理人员并未掌握开会的技巧，都存在“会前无准备，会中无主题，会后无执行，与会无必要，时间无控制，发言无边际”的“六无”现象。

当每个月发放薪水和总结收入时，财务报表的数字总是成为经营者奇效的“失眠药”，殊不知这颗“药”的很大一部分成分就是会议。

（2）采购成本。

采购在不同公司有不同的方式，但这是影响企业经营的重要成本。我们常常只会关注采购的价格和数量，而难以看到除此之外的其他因素。

曾经有一家企业，在做一个新项目时，项目组每天的运营成本为8万元，可是其在产品上市前夕，采购部门为了采购10万余元的包装，竟然耗费了一周时间，理由是要找价格低廉的供应商以节约采购成本。整个营销团队因此多等待一周时间无法和客户签约。

而这种现象其实在很多企业里均存在。一味追求降低采购的直接成本而忽略了同时并存的“隐形成本”。当然，降低采购直接成本与本文并无冲突，在这里，我们要说的是企业的采购部门，须站在整体经营的角度综合权衡的各项指标，才能真正控制采购的成本支出。

（3）沟通成本。

沟通，是企业运营的重要环节，很多企业在做众多的制度培训、精神层面的培训，可是大多没有“沟通能力”培训。

在大多数企业，你会发现，在同事之间的沟通过程中，会出现严重失真的现象，或词不达意，或答非所问，或百人百解……这种现象导致的后果，说小了，会让很多工序成为无效工序，或失去很多重要机会；说大了，有可能因此给企业带来隐患。

（4）加班隐患。

很多老板总认为，员工在下班后“废寝忘食”地“加班”是一种敬业现象。殊不知，这可能隐含着很高的成本。理由有三：

第一，加班的原因并不一定是因为工作任务太重，而是员工的工作效率低下造成的，加班可能意味着低效率。

第二，加班耗费更多的员工精力和体力，严重透支员工的健康，长期下去，会让一些重要员工不能长期发挥其效能，并且有为公司带来负担的隐患，比如有的机械操作员工因为长时间加班而导致疲累，造成事故，而企业要为此付出沉重代价。

第三，加班员工并不一定“务正业”，有些员工在下班之余，名为加班，实际利用公司的资源，从事其个人事情，同时还领取公司的加班费，很多企业的重要损失、数据丢失等都发生在下班时间，而加班成为企业“藏污纳垢”的死角。

（5）人才流动成本。

有很多企业在人力资源管理上都是很欠缺的，他们认为人才是无限的，成为“铁打的营盘”，员工自然也就成为“流水的兵”了。不能不说，每一个员工的离开对公司都是一笔成本，因为公司要承担对这个员工的培训费等前期投入，还要承担新招聘该岗位员工的前期成本，更要承担新员工是否适合岗位的风险，而老员工的离职也会因为职业素养的关系，可能会流失重要的内部资料或信息，而其离职后，很可能会进入自己的竞争对手的企业。

所以，员工特别是老员工的流失无疑会给企业带来高出其收入几倍的支出。很多小企业在经营多年后，你会发现他们一直是那么小的团队，而除了老板之外，没有一个员工是从企业成立之初留下来的。

（6）岗位错位成本。

人力资源管理中有句名言，“将正确的人放到正确的位置”。可惜，真能做到这点的企业真的不多。

我曾经在一家人才市场招聘，听到其员工之间的谈话，说因为是租借的体育馆作为招聘场地，每次招聘会都要他们全体职员去搬桌子和椅子。上到职业经理人，下到普通职员，都成为了“搬运工”，我不禁叹息，这家企业从事的是人才招聘与管理，怎么会花那么高工资请来并不专业的搬运工。

其实这体现了老板们一个非常清晰的心理，他们认为这些员工招聘回来就是要用的，只要自己有人手能做的，就不用再花更多的钱去做。但是我们发现他们因此付出的代价很高。该企业的员工一直抱怨不停，因为相当多的都是女职员，搬运桌椅比较费力，那些高阶员工也从来没有经受过这等“礼遇”，有些纷纷离职。我们也从此不在该招聘会招聘，因为我不相信这样的团队能给我提供很好的服务。

（7）流程成本。

企业的乱，有太多都是因为流程冗杂，这在企业管理中是一个通病，凡是发展缓慢的企业，其流程一定是混乱或不合理的。他们为此承担着很高的成本，然而一直却视而不见。流程，是企业运营的产业链，如同流水线一样，没有科学合理的流程，也就失去对各项工作系统性的控制，很多工作半途而废，还有很多需要返工，无奇不有。这会成为裹住企业前进双脚的乱麻。

（8）停滞资源成本。

停滞的资源在企业里可以说是最广泛的“隐形成本”，例如闲置的设备、积压的库存、低利用率的岗位职业、闲置的资金、搁置的业务等，他们虽然不一定会继续消耗企业的投入，但是却是企业资产的一部分，企业会为此承担着利息等隐形成本。所以说，一个企业里，停滞资源的多少，体现着企业资源利用率的高低。

（9）企业文化成本。

有人说企业文化如同一个企业的魂，会在其每一个成员的精神面貌中得以体现。这种文化在企业成立的初期阶段就开始建立，他受企业的创始人的文化、习惯、技能、职业、好恶等影响，因此有人说，企业文化就是老板文化。

但是说企业文化会成为成本，或许很多人不以为然，但事实如此。我们会发现一些企业的员工精神萎靡，做事效率极其低下，无论多么优秀的员工只要进入，不久要么离开，要么也会变成那样。我们不能不说，这是“环境”问题。而这个“环境”的主体正是这个企业的企业文化。

企业文化如同企业的生命，会伴随企业的一生，只能调整，无法重造。

（10）信用成本。

这是一个牵扯到远期回报的成本，诚信经营如同诚信做人。我们发现，很多企业习惯拖欠供应商货款，习惯拖欠员工薪资，习惯克扣他人，习惯拖欠银行贷款等，认为这样可以减轻企业流动资金压力。

但是从长远来看，这会成为企业经营的严重隐形成本。首先，供应商一定会将时间成本算在其报价中，这类企业无法采购到最低价格的原料或服务。其次，员工薪资拖欠，违背劳动法规，有被惩罚的危险。而拖欠银行贷款，克扣他人，会给其信用度大打折扣，在企业某一天遇到困难时，会四面楚歌的。无疑，企业为此要付出惨重的代价，且并没有因此获得任何益处。

（11）风险成本。

将企业推向快车道是每个企业家的梦想，但是风险系数也因此而同步增加。特别是大中型企业，他们虽然发展迅猛，收入丰厚，但是一旦出现危机，将是灾难性的。多个案例证明，企业的风险很多都是因为预料不足或管理不善造成的，在风险发生前，都早已埋下隐患。很多大型企业或者知名企业都因为一次风险而消亡。

可见，风险是举足轻重的隐形成本。而这种现象并非显而易见，实在是“不鸣则已，一鸣惊人”。

（12）企业家成本。

“企业家成本”指的是企业的老板本身给企业带来的成本。有一句话说得好，“兵熊熊一个，将熊熊一窝”。企业家如同一支军队的首领，其本身是企业支付成本最高的员工。很多民营企业的老板把自己变成了企业的“皇帝”，一切自己说了算，全体员工变成了执行的机器。但是，企业家个人因素的缺陷，将会为企业增加沉重的成本负担。

这种现象主要出现在小型企业，当然大型企业里也存在着这样的现象。我们可以将这种成本延伸到企业的每一个部门甚至是每一个职员，因为每个人都要为自己的工作负责。我们常常强调，在你的管辖范围内，你就是领导，你有权决策。而很多领导者一直以自己为中心，这将大大降低团队的作战能力，增加了高额的隐形成本。我记得曾经对一个抱怨公司缺乏人才的老板说过一句话：“你们公司缺乏的不是人才，而是发现和善用人才的智慧。”

作为一个企业的老板或者合伙人，你有没有想过中国股权投资时代已经来临，正是中小型企业进入资本市场的最佳时机！

中国中小企业的平均寿命仅2.5年，集团企业的平均寿命仅7—8年。不仅企业的生命周期短，能做强做大的企业更是寥寥无几。企业做不长、做不大的根源当然很多，但核心根源却只有一个——企业的股权出了问题！

真格基金创始人提出：合伙人的重要性超过了商业模式和行业选择，比你是否处于风口上更重要。

企业的死亡不是死于外部的竞争，而是死于企业内耗。

中国有句老话：生意好做，伙计难搁。

61 Q：民间非营利组织如何正确区分业务活动成本和管理费用？

A：简单地说，与单项收入发生直接对应关系的就是成本，比如捐赠收入，对应的成本是捐赠成本；与单项收入没有发生直接对应关系的支出就是费用，比如房租、行政人员工资等。具体区分如下：

（1）业务活动成本。

业务活动成本，是指民间非营利组织为了实现其业务活动目标、开展其项目活动或者提供服务所发生的费用。如果民间非营利组织从事的项目、提供的服务或者开展的业务比较单一，可以将相关费用全部归集在“业务活动成本”项目下进行核算和列报；如果民间非营利组织从事的项目、提供的服务或者开展的业务种类较多，民间非营利组织应当在“业务活动成本”项目下就项目、服务或者业务大类进行分别核算和列报。

（2）管理费用。

管理费用，是指民间非营利组织为组织和管理其业务活动所发生的各项费用。包括民间非营利组织董事会（或者理事会及类似权力机构）经费和行政管理人员的工资、奖金、住房公积金、住房补贴、社会保障费、离退休人员工资与补助，以及办公费、水电费、邮电费、物业管理费、差旅费、折旧费、修理费、租赁费、无形资产摊销费、资产盘亏损失、资产减值损失、因预计负债所产生的损失、聘请中介机构费和应偿还的受赠资产等。其中，福利费应当依法根据民间非营组织的管理权限，按照董事会、理事会或类似权力机构等的规定据实列支。

62 Q：社团组织业务非常少？可以一年只出年度财务报表吗？

A：按照《民间非营利组织会计制度》的规定，财务报表分为月度报表、季度报表、年度报表。

因此，社团组织应该按照制度规定要求，编制对应时期的财务报表，一年中只出年度财务报表的做法是不规范的，没有按照制度要求进行会计核算。

制度规定是没有什么可以商量的，不要偷懒哟！

63 Q：按照民间非营利组织会计制度的要求，接受非现金资产捐赠应该按照什么价值入账？

A：国家为了鼓励公益捐赠，特下发关于公益股权捐赠企业所得税政策问题的通知，按照通知的要求，接受公益捐赠，捐赠方按照历史成本记账。

另外，民间非营利组织会计制度不要求期末按照公允价值进行计量，只要求计提资产减值准备，所以，如果市价高于历史成本，会计上是不作账务处理的。

为了便于财务报告阅读者了解单位的真实情况，建议在特别事项中予以说明。

64 Q：社会团体会费收取有什么要求？

A：社会团体的会费标准，应当依据章程规定的业务范图、工作成本和会员的承受能力合理确定，须经会员（代表）大会以无记名投票方式表决，并获得出席会员（代表）2/3以上通过。社会团体会费标准的额度应当明确，不得具有浮动性。

社会团体不得以任何形式强制发展会员并收取会费，不得向其所属分支机构、代表机构、办事机构收取会费或管理费。

社会团体分支（代表）机构不得自行发展会员、制定会费标准并收取会费。

分支（代表）机构在社会团体的授权下依据社会团体会费标准代社会团体收取的会费，属于该社会团体所有，应当缴入社会团体账户统一核算。

65 Q：党政机关在职干部、退离休干部、国有企业事业单位退离休干部在社会团体兼任职务问题有什么规定？

A：党政机关在职干部、退离休干部、国有企业事业单位退离休干部在社会团体兼任职务（包括领导职务、名誉职务、理事、常务理事等），不得领取薪酬、奖金、津贴等报酬和获取其他额外利益，也不得领取各种名目的补贴等，确属需要的工作经费，要从严控制，不得超过规定标准和实际支出。

会员单位派驻社会组织工作人员的工资福利待遇由原单位解决。基金会领取报酬的理事不得超过理事总人数的1/3，监事和未在基金会担任专职工作的理事不得从基金会获取报酬。

66 Q：社会组织对外投资应注意什么？

A：（1）社会组织对外投资，应当由理事会研究决定，并建立投资责任追溯机制，明确投资止损原则，因决策不当致使社会组织财产损失的，参加决策并作出投资决定的理事应当承担相应的赔偿责任。

（2）基金会进行投资应遵循安全、有效、合法的原则，用于投资的资产限于非限定性资产和在投资期间暂不需要拨付的限定性资产。

基金会进行委托投资，应当委托银行或者其他金融机构进行。

基金会不得向个人、企业直接提供与公益活动无关的借款，不得资助以营利为目的开展的活动。

67 Q：社会组织财务监督有哪些规定？

A：（1）社会组织的财务工作接受业务主管单位和登记管理机关的监督管理，接受财政、纪检、审计部门的监督检查，对检查中发现的违法违纪问题，依法依纪处理。

（2）社会组织的财务工作除接受政府有关部门的监督外，应同时接受会员（代表）大会和理事会的监督，定期向会员（代表）大会或理事会报告财务工作。

社会组织换届、更换法定代表人应当进行社会审计。年度财务报告应当聘请注册会计师进行审计，出具审计报告。

（3）社会组织应建立健全内部控制制度，财会人员应按照《中华人民共和国会计法》及其他有关规定行使财务监督权，建立健全内部审核制度，对违法行为，有权制止并向社会组织登记管理机关和其他有关部门反映。

（4）社会组织资产来源属于国家拨款或者社会捐赠的，应接受审计机关的审计监督，其他来源资产接受社会审计机构的审计监督。

社会组织应将捐赠款物使用情况向社会公布。

68 Q：慈善组织基金会收到的捐赠收入对外捐赠支出，需要遵循什么规定？

A：基金会遵循的是《民间非营利组织会计制度》，该制度规定了业务活动收入包括捐赠收入、会费收入等，其对应的业务活动成本包括捐赠项目成本、会员服务成本等，而一般企业的捐赠支出是在营业外支出中核算。

因此，基金会收到的捐赠收入对外捐赠支出，不需要遵循在利润总额12%内才可以做税前扣除的规定。

因为此“捐赠”非彼“捐赠”。

69 Q：民间非营利组织财务会计报告由什么组成？

A：（1）报表种类。

资产负债表、业务活动表、现金流量表。

（2）会计报表附注的内容。

民间非营利组织的会计报表附注至少应当披露以下内容：

①重要会计政策及其变更情况的说明；

②董事会（或者理事会或者类似权力机构）成员和员工的数量、变动情况以及获得的薪金等报酬情况的说明；

③会计报表重要项目及其增减变动情况的说明；

④资产提供者设置了时间或用途限制的相关资产情况的说明；

⑤受托代理业务情况的说明，包括受托代理资产的构成、计价基础和依据、用途等；

⑥重大资产减值情况的说明；

⑦公允价值无法可靠取得的受赠资产和其他资产的名称、数量、来源和用途等情况的说明；

⑧对外承诺和或有事项情况的说明；

⑨接受劳务捐赠情况的说明；

⑩资产负债表日后非调整事项的说明；

⑪有助于理解和分析会计报表需要说明的其他事项。

（3）财务情况说明书的内容。

①民间非营利组织的宗旨、组织结构以及人员配备情况；

②民间非营利组织业务活动的基本情况，年度计划和基本完成情况，产生差异的原因分析，下一会计期间业务活动计划和预算等；

③对民间非营利组织业务活动有重大影响的其他事项。

其中第三部分，有些单位没有编制财务情况说明书，造成财务会计报告内容不齐全，是社会组织等级评估扣分的重灾区。

70 Q：慈善活动支出和管理费用重点应关注哪些内容？

A：慈善活动，是指自然人、法人和其他组织以捐赠财产或者提供服务等方式，自愿开展的下列公益活动：

①扶贫、济困；

②扶老、救孤、恤病、助残、优抚；

③救助自然灾害、事故灾难和公共卫生事件等突发事件造成的损害；

④促进教育、科学、文化、卫生、体育等事业的发展；

⑤防治污染和其他公害，保护和改善生态环境；

⑥符合法律规定的其他公益活动。

（1）慈善活动支出和管理费用内容。

慈善活动支出是指慈善组织基于慈善宗旨，在章程规定的业务范围内开展慈善活动，向受益人捐赠财产或提供无偿服务时发生的下列费用：

①直接或委托其他组织资助给受益人的款物；

②为提供慈善服务和实施慈善项目发生的人员报酬、志愿者补贴和保险，以及使用房屋、设备、物资发生的相关费用；

③为管理慈善项目发生的差旅、物流、交通、会议、培训、审计、评估等费用。

慈善活动支出在“业务活动成本”项目下核算和归集。慈善组织的业务活动成本包括慈善活动支出和其他业务活动成本。

慈善组织的管理费用是指慈善组织按照《民间非营利组织会计制度》规定，为保证本组织正常运转所发生的下列费用：

①理事会等决策机构的工作经费；

②行政管理人员的工资、奖金、住房公积金、住房补贴、社会保障费；

③办公费、水电费、邮电费、物业管理费、差旅费、折旧费、修理费、租赁费、无形资产摊销费、资产盘亏损失、资产减值损失、因预计负债所产生的损失、聘请中介机构费等。

慈善组织的某些费用如果属于慈善活动、其他业务活动、管理活动等共同发生，且不能直接归属于某一类活动的，应当将这些费用按照合理的方法在各项活动中进行分配，分别计入慈善活动支出、其他业务活动成本、管理费用。

（2）重点关注计算慈善活动年度支出和管理费用的公式。

慈善组织中具有公开募捐资格的基金会年度慈善活动支出不得低于上

年总收入的70%；年度管理费用不得高于当年总支出的10%。

慈善组织中具有公开募捐资格的社会团体和社会服务机构年度慈善活动支出不得低于上年总收入的70%；年度管理费用不得高于当年总支出的13%。

慈善组织中不具有公开募捐资格的基金会，年度慈善活动支出和年度管理费用按照以下标准执行：

①上年末净资产高于6 000万元（含本数）人民币的，年度慈善活动支出不得低于上年末净资产的6%；年度管理费用不得高于当年总支出的12%；

②上年末净资产低于6 000万元高于800万元（含本数）人民币的，年度慈善活动支出不得低于上年末净资产的6%；年度管理费用不得高于当年总支出的13%；

③上年末净资产低于800万元高于400万元（含本数）人民币的，年度慈善活动支出不得低于上年末净资产的7%；年度管理费用不得高于当年总支出的15%；

④上年末净资产低于400万元人民币的，年度慈善活动支出不得低于上年末净资产的8%；年度管理费用不得高于当年总支出的20%。

慈善组织中不具有公开募捐资格的社会团体和社会服务机构，年度慈善活动支出和年度管理费用按照以下标准执行：

①上年末净资产高于1 000万元（含本数）人民币的，年度慈善活动支出不得低于上年末净资产的6%；年度管理费用不得高于当年总支出的13%；

②上年末净资产低于1 000万元高于500万元（含本数）人民币的，年度慈善活动支出不得低于上年末净资产的7%；年度管理费用不得高于当年总支出的14%；

③上年末净资产低于500万元高于100万元（含本数）人民币的，年度

慈善活动支出不得低于上年末净资产的8%；年度管理费用不得高于当年总支出的15%；

④上年末净资产低于100万元人民币的，年度慈善活动支出不得低于上年末净资产的8%且不得低于上年总收入的50%；年度管理费用不得高于当年总支出的20%。

计算年度慈善活动支出比例时，可以用前3年收入平均数代替上年总收入，用前3年年末净资产平均数代替上年末净资产。

上年总收入为上年实际收入减去上年收入中时间限定为上年不得使用的限定性收入，再加上于上年解除时间限定的净资产。

慈善组织的年度管理费用低于20万元人民币的，不受上述比例限制。

（3）重点关注导致管理费用无法达标的，应及时公布原因。

因下列情形导致年度管理费用难以符合本规定要求的，应当及时报告其登记的民政部门并向社会公开说明情况：

①登记或者认定为慈善组织未满1年，尚未全面开展慈善活动的；

②慈善组织的折旧费、无形资产摊销费、资产盘亏损失、资产减值损失突发性增长的；

③慈善组织因预计负债所产生的损失突发性增长的。

第四篇

审计规范篇

1 Q：审计报告、验资报告你分得清吗？

A：有人就问，到底是要审计报告还是验资报告？

这时就需要明确你需要证明什么时点的资产和净资产的状况。

如果想证明公司成立之初注册资金实际缴纳情况，则需要验资，证明那个时点的入资情况。

当时的情况能代表现在吗？当然不能，现在的情况也许是净资产大于注册资金，也有可能资不抵债。所以如果想证明公司现在时点的净资产状况，则需要进行审计，时点是最近一期，最近一期指年末或月末或季末，根据要求方确定审计截止日。

2 Q：企业支付宝账户函证的函证方法。

A：支付方式改变，顺应时代变化，探讨企业支付宝账户函证的函证方法：

（1）函证格式：企业询证函。

（2）抬头：支付宝（中国）网络技术有限公司。

（3）可以函证的内容：账户可用余额询证、年度总收入汇总，年度总支出汇总。

（4）特别注意：需要在正文列明被审计单位在支付宝注册的账号（邮箱），如有多个，要分开列示。

（5）发函寄送地址。

（6）联系方式。

3 Q：财务数据业绩粉饰与业绩造假。

A：大家可能经常会听到财务数据业绩粉饰与业绩造假，何谓业绩粉饰？它与业绩造假又有怎么样明显的区别呢？个人的理解是：发行人的经营方式和会计处理是真实的但不是合理的，也就是通过这样实现的收入和利润不是企业正常生产经营实现的，比如100元获取10 000元股权，这在法律上是合理的，但是违反基本的商业逻辑和市场规律；再比如，企业通过短期缩减人员、降低工资、减少费用、放宽信用政策促进销售等方式粉饰业绩的情况。如果说财务造假是“表面合理但不真实”，那么粉饰业绩就是“真实但不合理”。

4 Q：发行人IPO粉饰业绩的路径。

A：发行人IPO粉饰业绩的路径，包括但不限于以下几方面：

（1）调整收入确认政策。

如将收入确认的方式从完工百分比法调整为一次性确认收入。

（2）提高其他业务收入的比重。

在主营业务经营不利，导致业绩指标大度下滑或者增长缓慢的情况下，发行人为了保持基本的IPO业绩指标，会在其他业务收入方面提高规模和占比。比如，毛利率很低的业务、跟原来业务关联度比较低的业务、联合招标业务超过独立招标业务、集成业务超过研发业务，甚至可能存在直接销售半成品原材料等。

（3）通过非正常渠道取得订单。

发行人可能存在报告期内新增加客户增加收入、未通过招投标取得客户订单、某个客户订单金额突然增加的情形等。

（4）提高信用周期、向客户提供资助。

在发行人销售疲软的情况下，为了鼓励客户继续采购甚至增加采购规模，发行人可能为客户提供更加优惠的采购政策。

（5）关联交易。

在目前的IPO审核规则中，关联交易一直是开放性的一个关注要点，主要还是关注关联交易对于发行人业务独立性以及持续盈利能力的影响。一般情况下，发行人报告期内的关联交易都会彻底清理或者逐步降低比例，也有可能发行人为了业绩会增加关联交易的比例。

（6）降低广告费投入、减少员工人数、降低员工薪酬标准、降低差旅费报销标准等“节支”政策。

5 Q：操纵利润的手段。

A：利润体现了一个单位一定时期的经营成果，出于某种原因，有些单位想多做出些利润，下面介绍一下操纵利润的手段之一：操纵收入。

（1）虚构收入。

低级水平的虚构收入方式，包括白条出库、作销售入账、对开发票、阴阳合同虚开发票等。这些明显的违法之举在日益发展的资本市场环境下已经逐渐消失了，而更高级、更隐蔽的虚增方式正在被一些公司所采用。如企业自己或利用控股子公司按市场价销售给第三方，确认了销售收入，再由集团或另一关联公司从第三方手中购回，避免了在合并报表时集团内部交易必须抵消的约束，确保了在合并报表中确认收入和利润，达到了操纵收入的目的。

（2）不及时确认收入。

在现实经济活动中，由于销售交易形式的多样性，企业在进行销售收入确认时拥有较大的空间。在房地产和高新技术行业，提前确认收入的现象非常普遍，主要的提前确认收入的几种情况包括：

一是在存有重大不确定性时确定收入，二是完工百分比法的不适当运用，三是在仍需提供未来服务时确认收入，四是在销售交易未完成的情况下提前开具销售发票。

与提前确认收入一样，延后确认收入也是企业调控盈利的一种手法。这种手法一般在企业当前收益较为充裕，而未来收益预计可能减少的情况下发生。

（3）调节应收账款。

应收账款对收益的影响极大。企业为了虚增销售收入而虚列应收账款，通过虚假销售、提前确认销售或有意扩大赊销范围等方法调整利润总额。当企业出现这种现象时，应收账款占流动资产比重增加，应收账款周转率减小。如果这种方法成为企业普遍采用的调整利润的方法，这类企业的应收账款占用流动资金的比重就会高于一般企业，而应收账款周转率则会低于一般企业。对于由于“应收账款”科目而导致的利润操纵一定要引起特别的注意。

（4）调节非经常性收入。

企业可以通过调节非经常性收入，如其他业务利润、投资收益、关联交易引起的营业外收支净额、利用重组资产公允价值等进行利润操纵。其他业务是企业在经营过程中发生的一些零星的收支业务，对于某些企业而言，它对企业总体利润的贡献却有“一锤定千斤”的作用，企业可以通过调节其他业务利润来影响企业总利润。

关联交易若以市价作为交易的定价，则不会对交易的双方产生异常影响。然而事实上，有些企业在关联交易中采取了协议定价的原则，定价的高低一定程度上取决于企业的需要，使得利润在关联企业之间转移，许多上市公司就是通过关联交易来进行利润操纵的。

公允价值通常可由独立的第三方评估确定。现阶段我国经济市场化程度还很低，非市场因素对公平的市场交易存在严重干扰，有较严重的评估操纵问题。通常上市公司受公允价值变动影响较大。

（5）调整其他应收款。

其他应收款比应收账款账户更具有隐蔽性，使用该账户进行利润操纵的单位越来越多。有些单位故意将其核算内容扩大，致使该账户的核算内容越来越多，进行操纵利润的余地也越来越大。

6 Q：存货监盘程序失当——存货盘点也有风险。

A：上海证券交易所在近日收到关于中毅达虚增净资产的实名举报。举报人称，经查证，公司通过人为增加苗木数量、提高苗木规格等方法，至少虚增公司全资子公司厦门中毅达苗木资产5亿—6亿元，真实的苗木资产额约为2亿—3亿元。举报人同时指出，中毅达审计机构亚太会计师事务所在出具2016年度审计报告后，仍在补全相关存货盘点表等资料，对不符合审计流程形成的存货数量确认明显失当。

重要提示：存货盘点不可以后补，必须亲自盘点，实时盘点。

7 Q：别样小金库，你意识到了吗？

A：通常情况下，人们理解的小金库是指收入不入账，小到家庭有收入不上交（比如收到的奖金、专家费等），大到企业销售废品不入账、客户不要发票不入账、退货只作销售退回，退回的产成品不入账等形成小金库，小金库的用途通常是申请难以批复的资金支出。

另一种小金库是指生产车间的小金库和产成品库的小金库。生产车间出于某种目的完工产品不入库，或完工产品入库，但未做登记，或发生退货未入产成品库，同时未进行账务处理，都会形成“车间的小金库”“产成品库的小金库”，这样会造成产量不实、产成品库存量不实。企业经营管理过程中要防范这样的小金库。

哈哈，偷偷地问一句，你家有小金库吗？知道怎样查小金库吗？

8 Q：道高一尺魔高一丈，企业避税之如何发现未入账之销售收入？

（1）发出商品，不按“权责发生制”的原则按时记销售收入，而是以收到货款为实现销售的依据。其表现为：发出商品时，仓库保管员记账，会计不记账。

（2）原材料转让、磨账不记“其他业务收入”，而是记“营业外收入”，或者直接磨掉“应付账款”，不计提“销项税额”。

（3）以“预收账款”方式销售货物，产品（商品）发出时不按时转记销售收入，长期挂账，造成进项税额大于销项税额。

（4）制造大型设备的工业企业则把质保金长期挂账不转记销售收入。

（5）价外收入不记销售收入，不计提销项税额。如托收承付违约金，大部分企业收到违约金后，增加银行存款冲减财务费用。

（6）“三包”收入不记销售收入。产品“三包”收入是指厂家除向定点维修点支付费用外，还要按一定比例支付商家“三包费用”（含配件），保修点及商家挂账不记收入，配件相当一部分都记入“代保管商品”。

（7）废品、边角料收入不记账。主要是工业企业的金属边角料、铁肖、铜肖、铝肖、残次品、已利用过的包装物、液体等。这些收入多为现金收入，由个体经营者收购。纳税人将这些收入存入私人账户，少数应用在职工福利上，如食堂补助，极个别用于上缴管理费，多数用在吃喝玩乐和送礼上。

（8）返利销售。市场经济下的营销方式多变，返利销售是厂家为占领市场对商家经营本厂产品低于市场价格的利益补偿，是新产品占领市场的有效手段，是市场营销策略的组成部分。其形式主要有两种：

①商家销售厂家一定数量的产品，并按时付完货款，厂家按一定比例返还现金。

②返还实物、产品或者配件。

商家接到这些现金、实物后，现金不入账也不作价外收入，更不作“进项税额转出”，形成账外经营。

（9）折让收入。折让即折让与折扣，类似于返利销售，与之所不同的是：折让是发生在销售实现的时候，在发票上注明或另开一张红票反映的销售方式。按照税法规定，在发票上注明折让数额的，按实际收款记收入。另外开具红票的，不允许冲减收入。在实际工作中，纳税人往往是用红票冲减收入，将冲减的收入以现金方式给购货员，购货方不记价外收入，造成少缴税款。

（10）包装物押金逾期（满一年）不转记销售收入。

（11）从事生产经营和应税劳务的混合销售，纳税人选择有利于自己的方法记账和申报纳税。

（12）销售使用过的固定资产，包括应缴消费税的摩托车、汽车、游艇等，不符合免税规定的，也不按4%的征收率计算缴纳增值税，而是直接记营业外收入。

（13）为调节本企业的收入及利润计划，人为调整收入，将已实现的收入延期记账。

（14）视同销售不记收入。企业用原材料、产成品等长期投资，产品（商品）送礼或作为样品进行展销，不视同销售记收入，不计提销项税额。

（15）母公司，下挂多家子公司，涉及增值税发票、普通发票部分的业务全部在母公司核算，其他任由子公司核算，子公司每年向母公司上缴一定的管理费。

（16）小规模纳税人为了达到一般纳税人标准，在认定后，达不到标准将要年检时，采取多家一般纳税人互相开具增值税专用发票的方式，货款也互相支付，几家开具发票，互相之间的业务都不增值。这些就是一些企业税负偏低的一种原因。

（17）已开具的增值税发票丢失，又开具普通发票，不记收入。

9 Q：道高一尺魔高一丈，企业避税之企业所得税。

A：这些做法同样会被发现：

（1）企业收取的承包费不记入所得额，长期投资、联营分回的盈亏不在账上反映，始终在往来账上反复。

（2）购买股票、债券取得的收入不按时转记投资收益。

（3）未经税务机关批准，提取上缴管理费。

（4）发生大宗装修、装潢费用以及待摊费用不报税务机关批准就摊销。

（5）多计提应付工资，年终将结余部分上缴主管部门。

（6）不上缴统筹金的单位，计提统筹金长期挂账不缴。

（7）购买土地，准备扩建，将土地作为固定资产计提折旧。

（8）盘盈的固定资产、流动资产不作损益处理。

（9）白条支付水电费。

（10）购买假发票入账。

（11）应由个人承担的个人所得税进入“管理费——其他”。

（12）主管部门向下级分摊费用，下级只有记账支付凭证，没有原始凭证。

（13）邮政、电信行业收取的邮资、话费没有按照规定开具发票，用盖邮戳的白条、托收承付票据给客户。

（14）报销不属于自己单位的发票、税票。

（15）记账凭证报销多，原始凭证数额少。

（16）购入固定资产列入费用，或者将固定资产分解开票记入费用。

（17）在建工程的贷款利息记入管理费用或者财务费用。

（18）财产损失不经税务机关批准，直接在税前扣除。

（19）流动资产损失在税务机关批复后，直接记入营业外支出，涉及增值税部分不作进项税额转出。

（20）补贴收入不并入计税所得额，直接记入资本公积或盈余公积。

（21）业务费、广告费超支后放在其他科目列支，如手续费、差旅费、会议费、有害补助等。

10 Q：销售收入不入账，可能存在巨大黑洞。

A：实际工作中，有些单位销售产品时因为客户不要发票，所以就不开发票了，特别是针对个人的销售，有些产品还可能是国家限制销售给个人的，或销售总量有总体控制的。那么，销售收入不入账可能产生哪些“黑洞”呢？

（1）销售不开发票会形成小金库；

（2）销售不入账会导致存在账外资产，形成俗话说的“两套账”；

（3）销售不入账会导致财务报表不真实；

（4）销售不入账会导致少缴增值税；

（5）销售不入账会导致少缴企业所得税；

（6）更为关键的是一部分不入账的开具收据的单独做记账凭证的收入，

让我如何相信你，这是你全部没有入账的销售收入？

这样的账外收入，失去的更多的是信任感！

为了区区利益，牺牲信任感，值得吗？

11 Q：由四大名著神点评联想到财务审计。

A：三国写了一个大时代，水浒写了一帮大英雄，红楼写了一个大家族，西游写了一伙大妖怪。

三国玩的是心计，水浒玩的义气，红楼玩的感情，西游玩的是感性。

三国在国：治国，兴国，安国，丧国。水浒在气：勇气，义气，豪气，霸气。红楼在情：亲情，爱情，宦情，民情。西游在趣：情趣，游趣，野趣，妖趣。

三国写了一次变革，水浒写了一次冲动，红楼写了一场恋爱，西游写了一次旅游。

财务讲的是勾稽，数据与数据的勾稽，业务与数据的勾稽，业务与业务的勾稽，业务与合同的勾稽。

审计讲的是证据，原始凭证是证据，盘点报告是证据，询证函是证据，法律文书是证据。

12 Q：其他应付款有哪些坑，你知道吗？

A：最近做专家评审，发现有的单位其他应付款中有大量的诸如支付劳务费、宣传费、餐费等，本应该进入费用的事项却冲减了其他应付款，同时，取得的收入也没有作为收入入账，同时亦少计提了相关税金及附加，一旦被发现，后果嘛……不敢设想！

其他应付款科目是往来科目之一，贷记该科目时是欠对方款项，只有还款时才能冲减，即借记其他应付款。切莫将往来款科目当作费用科目使用。

这样的结果会导致收入少记、相关税金及附加少记、成本费用少记，而且很容易被发现。一旦被发现，税务局很生气，后果很严重。

不要怪我没提醒你哦!

13 Q：科研经费中劳务费那些坑，小心别掉进坑里。

A：科研经费申请下来后应该用于科研项目研发支出，有些会是材料费，有些会是劳务费等。这里说说劳务费那些事，特别是科研机构和大学，很多课题承担人员是教授或学者，参加的人员也有很多教授的学生。

有些教授利用学生之便套取现金，具体做法有：以学生劳务费的名义把现金报销出来，而报销的现金并没有全部给学生或根本就没有给到学生。

这种情况也很容易识别真假，如果税务局要求提供学生的身份证明和联系方式，再加上要求配合税务局进行协查，很容易“穿帮”。

这种张冠李戴套取现金的方式千万使不得，别怪我没有提醒你哦。

14 Q：别一不小心成了别人的洗钱工具。

A：很多人都知道大额支出不能用现金，必须要通过银行转账。

如果公对公走大额现金收入更危险!

最近就发现一个客户一年收取现金20万元，作为收入入账，没有开发票，因为月收入3万元以下免征增值税，因此也没有进行纳税申报。

当然，这20万元一年内被全部花光了，多数用于发工资，但提供的记账凭证没有附原始凭证。所以搞不清楚钱的实际去向。

这样钱一进一出，貌似合法化，殊不知，这之中把来路不明的钱“洗白”了。

什么时候可以收现金，什么时候不可以收现金，需要遵循相关法规，切莫一不小心成了别人的洗钱的帮凶和工具。

15 Q：关于银行询证函你做到位了吗？

A：

（一）对银行存款审计程序不到位

利×达对九×集团在兴×银行杭州分行3亿元定期存款的审计中，实施了函证程序，截至2016年4月21日审计报告出具日未收到回函。在浙江证监局提示过关注3亿元定期存单的情况下，利×达未执行有效审计程序，审计结论仍为“未见异常情况”，未能发现虚增3亿元银行存款及3亿元定期存单质押的事实。202×年6月2日收到银行回函，6月7日才对兴×银行杭州分行进行访谈，已晚于审计报告出具日。

上述节选案例中的行为违反《中国注册会计师审计准则第1312号——函证》第十二条、第十九条、第二十条和《中国注册会计师审计准则第1501号——对财务报表形成审计意见和出具审计报告》第十四条的规定。

银行询证函是非常重要的审计证据，审计时需要注意以下几点：

（1）重要银行账户必须亲自去银行函证；

（2）重要银行账户必须回函后才能出具审计报告；

（3）银行对账单一定要打印出次年1月第一笔业务，保证12月31日金额准确；

（4）基本户、一般户、定期存单都不能放过；

（5）关注定期存单的抵押情况；

（6）做到独立客观公正；

（7）不能因为客户着急出报告做任何妥协。

16 Q：不要认为有合同有发票就没问题了。

A：近日对一个客户进行审计时发现，该单位注册资金10万元，却购买了软件36万元，有购买合同、有发票。

提问：有购买合同，同时又有发票就没问题了吗？

回答是：不！

企业或单位发生的资本性支出和收益性支出，除了要关注其合规性、合法性之外，还要关注其相关性。如果购买的这个软件与该单位生产经营有关，就可以正常列支；如果此项支出与该企业或单位生产经营无关，就需要披露。

税务要求企业列支的费用是与生产经营有关的支出，与生产经营无关的支出，不能在企业所得税前列支。这里说的相关性不仅包括收益性支出，也包括资本性支出，比如这里购买的软件属于无形资产及无形资产的摊销。

所以，关注相关性很重要，你的关注度够吗？

17 Q：送干股可能是“馅饼”也可能是“陷阱”。

A：曾经接触过一个外商投资企业，出资方是香港一家公司，另外一家是国内的研究所。香港公司以现金出资，研究所是以商誉名义入股，也就是大家普遍理解的“干股”。

公司经营一段时间，有资金缺口，因此向银行贷款。

出于各种原因，公司经营状况一直不好，港方股东也回了香港。银行借款到期时，也没有资金用于还款。

因此，该公司被银行起诉。因为公司账上没钱，港方又鞭长莫及，法院就冻结了另外一个股东——某研究所的账户。

研究所觉得亏呀，说我们没有出资，怎么让我们承担责任呢？

这里郑重提示：股东的权益义务是同等的。不论是以什么方式出资，只要是股东就要承担股东的责任。

所以，知名品牌——研究所、高校、中学等，谨慎“获得”干股。其他人之所以同意你不出资，给你干股，你的名誉绝对会给对方或双方带来利益，但风险并存。

18 Q：公告不及时会遭受处罚，公告“过于及时”同样会遭到处罚，这个度你知道吗？

A：事由：祥×文化晚间公告，公司收到证监会行政处罚及市场禁入事先告知书，万×文化（已更名为祥×文化）、龙×传媒等涉嫌信息披露违法违规案已调查完毕，依法拟对龙×传媒、万×文化、黄×龙、赵×、赵×、孔×永作出行政处罚和市场禁入。

据告知书，龙×传媒在自身境内资金准备不足，相关金融机构融资尚待审批，存在极大不确定性的情况下，以空壳公司收购上市公司，且贸然予以公告，对市场和投资者产生严重误导。

总结：公告不及时会遭受处罚，公告“过于及时”同样会遭到处罚，这个度你一定要掌握好。

19 Q：投资未完全到位，利息不能税前扣除，你知道吗？

A：在企业注册资本尚未缴足的情况下，企业取得借款资金进行经营活动发生的利息费用，面临不可以足额进行税前扣除的风险。

简单说来，就是假如公司注册资本一亿元，约定2016年12月31日缴纳完毕，但是你们公司一直没有实际缴纳的话，你们公司如果在2017年借款1 000万元，这1 000万元的利息是不可以所得税前扣除的！

政策依据：

《国家税务总局关于企业投资者投资未到位而发生的利息支出企业所得税前扣除问题的批复》（国税函〔2009〕312号）规定：

> 根据《中华人民共和国企业所得税法实施条例》第二十七条规定，凡企业投资者在规定期限内未缴足其应缴资本额的，该企业对外借款所发生的利息，相当于投资者实缴资本额与在规定期限内应缴资本额的差额应计付的利息，其不属于企业合理的支出，应由企业投资者负担，不得在计算企业应纳税所得额时扣除。

据上述规定，企业存在实缴资本额低于应缴资本额的情形，利用借贷资金进行经营活动产生利息费用支出的，实缴资本额与应缴资本额的差额部分对应的利息费用支出不属于《企业所得税法实施条例》第二十七条所规定的“合理的”支出，不允许税前扣除。

另外，如果企业向关联企业借款，实际支付给关联方的利息支出，不超过2∶1的债资比例和税法及其实施条例有关规定计算的部分，准予扣除，超过的部分不得在发生当期和以后年度扣除。而在注册资本尚未缴足的情况下，依2∶1的债资比例计算的利息支出准予扣除的金额自然会减少，纳税调增的风险会增大。当然，企业如果能够按照税法及其实施条例的有关规定提供相关资料，并证明相关交易活动符合独立交易原则的，或者该企业的实际税负不高于境内关联方的除外。

20 Q：注册资本认缴后未（全部）实缴出资，股权转让个人所得税怎么算？

A：注册资本认缴后未（全部）实缴出资，股权转让个税怎么算，你知道吗？

认缴后未（全部）实缴出资情况下的股权转让所得税问题，主要是个人股东的个人所得税。

股权转让所得税问题其实就是股权转让收入和股权原值的确定问题。

（1）股权转让收入如何确定？

简单来说，股权转让收益就是转让价格减去初始投资，但在注册资本认缴制下就没那么简单了，因为没出资的情况下初始投资是零。有股权转让收益是需要缴纳个人所得税的，那到底有没有收益呢？

《股权转让所得个人所得税管理办法（试行）》（国家税务总局公告2014年第67号，以下简称《管理办法》）第四条规定，个人转让股权，以股权转让收入减除股权原值和合理费用后的余额为应纳税所得额，按“财产转让所得”缴纳个人所得税。第十二条规定，申报的股权转让收入低于股权对应的净资产份额的，应视为股权转让收入明显偏低。《管理办法》把“股权对应的净资产份额”作为判断申报的股权转让收入是否明显偏低的依据之一。申报的股权转让收入明显偏低且无正当理由的，税务机关采用净资产核定法时，核定的股权转让收入＝股权转让时公司的净资产 × 股权转让比例。该核定方式在实缴制下或认缴制下全部认缴出资已到位的情况下是合理的，但在认缴制下，当认缴出资尚未全部出资到位的情况下就会出现不合理的问题。

如甲、乙分别认缴70万元和30万元投资成立了A公司，分别占股70%和30%。公司成立后半年内，甲按照公司章程的约定向公司实缴了70万元资本金，乙认缴的资本金迟迟没有到位。年底公司盈利，账面净利润为80万元。由于乙一直没有缴纳资本金，甲、乙发生了矛盾，于是在征得甲同意后，乙将自己30%的股权以0元的价格转让给丙（注：丙要在受让股权后的三个月内向公司实缴30万元资本金）。此后，税务机关对本次股权交易价格进行了调整，要求乙补缴税款及滞纳金。

案例中，如果单纯从A公司的财务状况来看，公司的净利润为80万元，乙持有30%的股权，对应的净利润为24万元，以0元的价格转让，显然低于账面净资产，根据《管理办法》规定，属于“股权转让收入明显偏低”。但根据《公司法》《合同法》的相关规定，按实缴出资分红是基本原则，在对股东投资权益没有特殊约定的情况下，由于乙并未实缴出资，其不能享有股东的分红、优先认缴出资等权利，即乙不享有公司净利润80万元的份额。就此而言，如果对乙按照持有30%的股权所对应的账面净资产核定其股权转让价格是明显不合理的。因此，乙应提供未实际缴纳注册资本、无法取得分红等材料证明其以0元的价格转让股权的合理性，并与税务机关充分沟通。

（2）股权原值如何确定？

如甲、乙、丙各认缴400万元注册资本金成立注册资本1 200万元的A公司，公司成立1年后，尚未收到三位股东缴纳的出资，但是经过1年的经营，公司在业内前景看好，有较高的品牌价值。为了公司能够更好发展，股东会一致通过决议，修改公司章程，决定自股东会决议通过之日起1个月内，由三位股东将各自认缴的注册资本金实际缴付到位。期满后，甲、乙两位股东认缴的资本金均已缴付到位，但是股东丙因自身原因未能缴付认缴出资，形成了股东丙事实上欠缴注册资本金的局面。半年后，丙仍未能履行其出资义务，经股东间协商一致，由甲、乙两位股东共同出资600万元收购丙的股份。据此，三方股东签订了股权转让协议，约定甲、乙共同支付股权受让款600万元给丙，同时扣除丙欠缴公司的注册资本金400万元，由甲、乙将400万元欠款缴付至公司。

《管理办法》第十五条和第十六条规定了“以现金出资方式取得的股权，按照实际支付的价款与取得股权直接相关的合理税费之和确认股权原值”等六种确认个人转让股权原值的方法。而对于认缴制下未实缴的股权原值如何确认，《管理办法》中并没有明确的规定，在上述案例中，若只有实际缴付至公司的出资才可以作为股权转让的原值扣除，那么，股东丙的股权原值应为零，则其股权转让所得应为600万元，应纳个人所得税600万元×20%=120万元，这显然是不合理的。

在认缴后未（全部）实缴出资情况下，股权转让收入和股权原值应相互综合考虑来确定，如上述案例中，股权转让收入600万元包含了应缴公司的注册资本400万元，若只有实际缴付至公司的出资才可以作为股权转让的原值扣除，则股权转让收入应扣除应缴公司的注册资本金400万元后确定为200万元；若根据三方股东签订的股权转让协议，可将由甲、乙从股权受让款600万元中缴付至公司欠缴公司的注册资本金400万元，作为股东丙的股权原值，则股权转让收入为600万元。两种方法下，股权转让所得都为200万元。

当然，在这个过程中，审计报告是不可缺少的。

21 Q：一个公司负债很多，亏损很大，你想到了什么？

A：通俗讲，一个公司负债很多，说明欠了别人很多钱，亏损很大说明收入小于成本费用。这种现象正常吗？

肯定不正常。

如果欠款不是供应商，而是股东，这里有可能是真正的股东借款给公司，也有可能是收入没有入账。

具体情况可以从公司的内控入手，看在收入支出环节是否有较为严格的内部控制，内部牵制是否到位，股东是否履行了相关的义务：如重大事项的决策、年度财务报告签署、监事是否认真履职等。

如果是大股东或某个股东一人说了算，其他股东平时都不参与公司的活动，这时可能就会出现收入不入账、收入入到某股东私人账户的情况，公司需要资金时，某股东再把之前的应该计入收入的部分，当作对公司的借款，这种情形就会形成高负债、高亏损，而公司员工待遇并没有因为公司亏损发生薪资减少的情况。

账外收入不仅不能真实反映公司的财务状况，侵害其他股东的利益，而且会有很大的税务风险，如流转税、企业所得税偷税漏税及滞纳金等。

这里给您提个醒，当负债高、亏损大时，警惕账外收入的存在。

有人问：怎样查账外收入呀？哈哈，这就需要专业人做专业事，商业机密哟！

22 Q：科目余额表显示银行存款本期增加1 300万元，或减少1 300万元，但收入却只有10万元，什么情况？

A：我们说银行存款增加，有这样几种可能：

（1）对应收入；

（2）对应借款或其他应付款；

（3）对应预收账款；

（4）对应其他应收款或应收账款、预付账款。

银行存款减少有这样几种可能：

（1）采购支付、工资支付等成本费用性支出；

（2）偿还借款或应付账款、其他应付款；

（3）借出款项；

（4）固定资产、无形资产等成本性支出。

如果出现银行存款增加与收入无关，同时银行存款减少与成本费用有关，需要警惕成本费用列支与本公司业务的相关性。

你是股东吗？

你是潜在的股东吗？

切记：这种情况很可能会发生收入没有入到本公司，但成本费用入到本公司的情况。

23 Q：这种事情都不能达成和解的双方，只能是两败俱伤。

A：审计人与被审计人之间的纠纷，给我们的警示：

（1）审计人要按合同约定时间出具报告，否则会成为被告（报告是重点，报告类型不是重点）；

（2）审计人谨慎承接审计业务；

（3）出现分歧及时沟通，走上被告席，无论官司输赢，其实在某种程度上都是输；

（4）被审计人谨慎选择审计人；

（5）自身问题别指望审计人包庇，俗话说纸里包不住火；

（6）自己成为原告的同时，实际上也是“被告”，曾经一丝不挂地展现出来的财务状况，会让更多人知道你不愿意让人知道的东西。

审计人、被审计人走上法庭之道，没有赢家！！！

24 Q：工资低也可能成为IPO被否的原因之一，所以老板赶紧涨工资吧!

A：工资低意味着成本低，意味着利润高，意味着虚增利润。

所以，对于通过各种手段压低账内工资的企业，要特别注意。

账外收入发奖金、费用报销提成、老板个人补贴等手段已行不通了。这正是提醒老板涨工资的好机会。

25 Q：你的“精油”去哪儿了?

A：最近接触一个项目验收，项目涉及购买精油等实物资产，涉及金额8万余元，用于搞活动用（手工制作香皂）。单位只提供了发票，没有入库单和出库单，在取得发票的当月全部计入了费用。

还原一下项目的真实情况：项目实施在7—12月，每个月会有培训，培训会涉及领用实物资产等，用于教学。

正确做法应该在购买时作入库，填制入库单，作为存货核算，用于培训领用时按实际需要量，填制出库单，并结转成本，期末应对结存的实物进行盘点。

如果只有一张发票，是不足以计入成本的，没有出库单，没有领用人，我想问你，你的“精油”去哪儿了？有可能卖了进入个人腰包或小金库，还有可能送人了……

所以，实物资产核算及使用情况需要规范。

26 Q：什么情况下报表收入大于开票收入？

A：比如：赊销和分期收款方式。

会计收入确认时间：

企业应当在客户取得相关商品控制权时点确认收入。在判断客户是否已取得商品控制权时，企业应当考虑下列迹象：

（1）企业就该商品享有现时收款权利，即客户就该商品负有现时付款义务。

（2）企业已将该商品的法定所有权转移给客户，即客户已拥有该商品的法定所有权。

（3）企业已将该商品实物转移给客户，即客户已实物占有该商品。

（4）企业已将该商品所有权上的主要风险和报酬转移给客户，即客户已取得该商品所有权上的主要风险和报酬。

（5）客户已接受该商品。

（6）其他表明客户已取得商品控制权的迹象。

税会差异分析：

在某些情况下，客户已接受商品，由于未到合同约定的收款时间，则会计上应确认收入，但增值税纳税义务尚未发生。

所以报表收入与开票收入会发生不一致。

27 Q：审计三方面的关系人是什么？

A：现实生活中，很多情况下变成了委托审计人和被审计人是同一人。

大家都知道，三点决定一个平面，平面是稳定的；而两点是一条直线，变化是很强的，就像跷跷板，可高可低。

会计师事务所频频出现问题，什么财务造假、舞弊、审计程序不到位……有些不得不说跟利益是有一定关系的，并且已经造成非常严重的后果，社会公信力遭到很大质疑。

注册会计师要做到客观、公正，必须要在经济上独立。

近日看到一则消息，甚为欣慰，审计工作已开始走向独立。

自2018年1月1日起，全国性社会组织办理法定代表人变更登记、注销登记，由民政部委托注册会计师事务所进行审计并承担费用。

这样才能做到客观公正！

审计理论不能违背！

28 Q：审计和评估分不清，还有经常听到“四大”是怎么回事？

A：（1）从价值确认而言：审计确定的是历史价值，资产评估确认的是现实价值。如房产，审计重点看合同、发票、交易价格及付款记录等以确认其历史成本。资产评估确认的是现实价值。

假如你2003年买的房子花了80万元，现在已经值600万元，80万元价值确认是审计，600万元价值确认是资产评估。

（2）所谓的国际“四大”是指审计的国际“四大”，资产评估不存在“四大”的说法。

（3）什么时候需要做审计？什么时候需要做资产评估？什么时候需要做审计和资产评估？

简单来说，年检、上市公司、股东或债权人要求、换法人、换举办者、离任、破产、清算等都需要做审计。

资产评估通常是发生产权变动时需要做，比如出售资产、投资、股权转让、并购重组、IPO等。

什么时候需要做审计和资产评估呢？比如并购重组、产权变动等需要先确认历史价值，再确认现实价值。

当然，审计、资产评估都有自己的方法，这里就不一一介绍啦！

29 Q：公司发展到一定程度，需要哪些外部支持？

A：案由：

某公司被公司内鬼与小贷公司联手用套路贷诈骗敲诈了两千多万元现金！该区刑侦于202×年11月5日立案，近期刚刚拿到会计师事务所的相关审计报告。企业是办下去还是破产？

回想三万五千元创办公司，带领员工辛勤工作，才积累下的如今的品牌和资质。202×年8月24日，房山法院用张某某和孟某某等人伪造复印件借据460万元，竟然对公司和涉案人个人名下的十六个账号，及其名下和公司名下多处房产突然查封，至今不给解封。

企业贷款和融资受阻，现金流危机！公司个别员工联手试剂供应商偷盗试剂。尽管罪犯们一定会得到处罚，但是损失的巨额现金追讨遥遥无期！

企业度日如年！

分析：公司出现这种状况与内部控制薄弱、财务管理不到位、法律意识不强有很大关系。

忠告：公司发展到一定程度，需要左膀右臂，也就是财务顾问和法律顾问，有财务顾问和法律顾问为企业保驾护航，企业才能插上腾飞的翅膀。

30 Q：你公司的现金交易要注意啦!

近日，IPO审核再提新要求，其中对现金交易又有新规。

企业之间的现金交易，不得超过营业收入或采购总额的10%。个人与企业之间的现金交易，要求核查到位，认可特殊行业及特殊情况存在的该类现金交易。

这里提到了销售业务和采购业务，不要忽视采购业务。

31 Q：你的假发票是怎样被我发现的?

A：近日做专家评审，有个社会组织，第一次评审时资料不齐，这次评审已经是第二次了，资料依然不齐，来的人还听不懂我说的话，不知是真的不懂还是……想蒙混过关？在别人那里也许能行，在我这里，不可能!

可疑的事情在我眼里就像秃子头上的虱子——明摆着。

且听：北京的社会组织，办公用品在河南买的，通信服务在河南买的，工艺品在河南买的，设计费是在河南取得的发票……以上金额涉及数万元。

说到这里，下一步就是上网查发票的真伪，结果已经是不得而知了。

作为社会组织，取得政府购买服务，是一件非常荣耀的事情。政府要求你的业务是真实的，发票是真实的。

再有，这点小伎俩还是省省吧，专家可不是吃干饭的。

使用假发票套取资金的行为，会受到什么处罚，自己去查查吧。

32 Q：你的老板是哪一种：过度报销还是提供资产无偿使用？

A：民营企业存在两种极端的情况，一种情况是出于不同的目的，会出现过度报销，甚至把家庭生活支出也通过发票形式进行报销的情况；另一种情况是“节衣缩食”，把自己的固定资产让公司无偿使用，把自己的资金给公司无偿使用。

不管出于什么目的，这些做法都会造成利润的不真实，即虚增利润、虚减利润抑或是粉饰财务报表。

虚增利润是指不按照财务制度规定的要求进行核算，为了完成年度利润计划，多反映经营成果，采取该提的不提、该列支的不列支、该摊的不摊、该核销的不核销、挂往来账或者调整会计科目的办法，掩盖其真实情况，以及将不应在本期核算的某些收入采取提前入账的办法等人为操作以增加利润的行为。

虚减利润是指在特定的条件下，为了少反映经营成果，不按照财务制度规定的要求，采取多提、多摊、多支和将应该在本期列账的收入推迟入账或截留不报等人为操作以减少利润的行为。

粉饰财务报表：我们这里之所以说粉饰，是因为除了造假，企业还有很大的自主调节空间，并且是在会计规则允许范围内。调节和造假的最大区别是，调节主要是提前或者延后，而造假是无中生有。

（1）调节利润。

利润＝收入－费用。企业如果想要增加利润，要么虚增收入，要么低估费用。虚增的收入换不来真金白银，为了保持会计恒等式的平衡，就需要同步虚增资产或者减少负债增加所有者权益。比较常见的情况是虚增应收账款、存货、无形资产等。一般来说，应收账款相对于收入的快速增长可以作为收入虚增的一个信号。虚增的收入，可能只是收入的提前确认，也可能根本就是无中生有。

低估费用也分两种情况，一种是把费用延后，另一种是把有的说没。为了把费用延后，可以放慢资产折旧的速度，比如无偿使用固定资产，不付租金、无偿使用资金，不付利息。

（2）粉饰财务状况。

企业可以通过低估自己的负债，使资产负债率看起来更低，财务状况看起来更好看。同样，为了保持“资产=所有者权益+负债”的会计恒等式，公司低估负债的同时，就需要同时低估资产，或者高估所有者权益。

第一种情况，为了低估资产和负债，企业可以把一块负债及相应资产转移到一个看似没有关联的表外公司，这样不仅资产负债率可以下降，资产下降后，还可以提高总资产收益率，企业的盈利能力看起来也变强了。

第二种情况，可能是企业对一些明确的预期负债视而不见，比如一项已经出现偿付困难的担保；也可能是对很明显的资产减值损失装聋作哑，比如一批已经分文不值的存货。

（3）夸大经营活动现金流。

利润的计算基础是权责发生制，只要卖出去了产品、提供了服务，收入就算上了，利润就有了，不管是不是收到了钱，或者能不能收到钱。相对而言，经营活动现金流严格记录企业经营过程中真金白银的进进出出，某种意义上来说，经营活动现金流甚至比利润还要更重要。

投资者关注的也是公司关注的。为了让财报更好看，公司虚增经营活动现金流的方法主要包括：一是延迟向供应商付款，增加应付款，同时增加经营活动现金流；二是把应收账款折价出售，收回现金，增加当期经营活动现金流。

（4）关联交易。

关联交易就是关联方之间的交易，所谓关联方主要是指在股权上有亲戚关系的企业，比如公司同其母公司、子公司、兄弟公司等都是关联方。关联交易可以说成是一种左手倒右手，交易价格对谁有利，要看大股东的心情。大股东通过关联交易掏空上市公司，有之；为了增加上市公司利润为上市公司输血，也有之。

如果你的公司不上市，这些事情可能问题不大，如果有上市的打算，这些可能会遭到质疑。

慎行之！！！

33 Q：IPO被否的六大理由。

A：（1）收入确认问题。

收入确认是通过财报粉饰业绩的重灾区，因此这部分也是股票发行审核委员会（以下简称“发审委”）考核的重点之一。收入确认问题包括提前确认收入、将已取消或终止的合同计入收入、工程类项目按照项目进程确认收入是否合理、各产品收入的口径不一致等。

（2）关联交易问题。

重大的关联交易可能会使得公司的财务状况不能反映其真实的经营情况，比如通过关联方隐藏费用支出、虚增收入，或者进行利益输送等，不能保证公司的独立性及运营的真实性。

（3）持续经营能力。

持续经营能力是发审委最为关心的部分，也是历年来导致IPO被否的最集中的原因。持续经营能力包括公司的经营模式、业绩的波动、毛利率变动、销售和管理费用的变化、行业未来的发展前景等。被否的主要担心也是针对公司是否存在为IPO突击业绩，而在上市后无力继续维持其在财报中所体现出来的经营状况。

（4）合规合法问题。

这条问题比较好理解，合法合规对任何一家企业来说都是应当满足的条件，对上市公司来说要求就更为严格。合规问题涉及公司运营的方方面面，如土地使用权、员工劳动合同、商业贿赂问题等。

（5）会计处理不规范。

这个问题主要关注在会计处理上是否存在一些技术性处理，使得财务报表不能真实准确地体现公司的经营情况。除了第二条中提到的收入确认的问题，在财务报表中其实还有许多地方可以对盈利状况进行人为调节，比如应收账款的坏账计提、研发费用的资本化比例等。

（6）信息披露不充分。

这条主要涉及一些重大的信息没有在审核时披露的问题。如思华科技是一家视频软件开发商，公司的股东之一，嘉信上凯投资的实际控制人孙立生等人也同时是公司的前五大客户，浙江华通云数据有限公司的直接、间接重要权益人。换言之，公司的股东和大客户是关联方，但在申报材料中并未披露。由此，发审委质疑思华科技的交易是否真实、公允，因此否决了其IPO申请。

提示财务人：平时需要关注以上内容，过时回补会很困难，成本也会很高，造成的损失也是巨大的。

34 Q：花钱必问效，无效必问责！

A：财政资金预算绩效管理将由过去“碎片化、部门化”走向“全面化”，实现对各级政府、所有预算部门和单位的全部预算收支的全过程绩效管理。

2018年9月25日新华社受权发布《中共中央 国务院关于全面实施预算绩效管理的意见》（以下简称《意见》），党的十九大报告提出的“全面实施绩效管理”的丰富内涵、实现路径和制度体系得以明确。

预算是政府活动和宏观政策的集中反映，也是规范政府行为的有效手段。政府各项预算收支的合理性、效率和效益如何，很大程度上反映了一个国家的治理水平。预算绩效正是世界通行的用于衡量政府绩效的主要指标。

预算绩效管理在中国不是新生事物，2003年以来，中央和不少地方政府都在相关改革方面做了一些探索。近年来，财政部积极推进预算绩效管理改革，不断完善预算绩效管理制度办法，中央财政已经初步构建起以项目支出为主的一般公共预算绩效管理体系。

但总体看，现行预算绩效管理仍存在一些突出问题，主要是：预算收支中绩效理念尚未牢固树立，一些地方和部门存在重投入轻管理、重支出轻绩效的意识；绩效管理的广度和深度不足，尚未覆盖所有财政资金、贯穿预算管理全过程，一些领域财政资金低效无效、闲置沉淀、损失浪费的问题较为突出，克扣挪用、截留私分、虚报冒领的问题时有发生；绩效激励约束作用不强，绩效评价结果与预算安排和政策调整的挂钩机制尚未建立。

以全面实施预算绩效管理为关键点和突破口，化解政府预算收支中存在的不合理、低效、无效问题，推动财政资金聚力增效，提高公共服务供给和质量，增强政府的公信力和执行力，迫在眉睫。

“全面实施绩效管理意义重大，是提高政府执政能力的一个重要抓手，具有里程碑意义。”中国财政科学研究院院长刘尚希表示，从国际经验看，全面实施预算绩效管理做起来难度大，真正做好的国家不多，《意见》出台是万里长征第一步，在组织协调、制度建设、技术支撑等方面尚有大量工作要做。

财政部相关负责人告诉《财经》记者，2018年9月初《意见》印发后，财政部已开始安排后续工作，近期会下发落实《意见》的通知，对各部门、各地区提出更加明确的要求，此外，将制定、出台包括预算支出事前绩效评估管理办法、中央对地方转移支付的绩效目标管理办法、绩效评价管理办法以及绩效评价结果如何与预算调整相结合等在内的一系列配套文件。

建立全方位、全过程、全覆盖的管理体系：

目前，预算绩效管理顶层设计和制度框架体系缺失；中央和省级层面推动预算绩效管理相对积极，市县改革动力不足；针对具体支出项目的绩效管理实践较多，对政府、部门、政策预算绩效管理及预算收入绩效管理探索较少。

为解决预算绩效管理中存在的突出问题，《意见》明确，力争用3—5年时间基本建成全方位、全过程、全覆盖的预算绩效管理体系，实现预算和绩效管理一体化，提高财政资源配置效率和使用效益，改变预算资金分配的固化格局，推动政府效能提升，加快实现国家治理体系和治理能力现代化。

上海财经大学公共经济与管理学院刘小川教授表示，“全方位、全过程、全覆盖的定位，表明只要政府需要用钱的地方都要进行绩效管理，要求非常高、难度非常大”。

具体而言，“全方位”是指中央和地方各级政府全面实施预算绩效管理，形成政府预算、部门和单位预算、政策和项目预算全方位绩效管理格局。

《意见》要求，要将各级政府收支预算全面纳入绩效管理。各级政府预算收入要实事求是、积极稳妥、讲求质量，严格落实各项减税降费政策，严禁脱离实际制定增长目标，严禁虚收空转、收取过头税费，严禁超出限额举借政府债务；各级政府预算支出要统筹兼顾、突出重点、量力而行，着力支持国家重大发展战略和重点领域改革，提高保障和改善民生水平，同时不得设定过高民生标准和擅自扩大保障范围，确保财政资源高效配置，增强财政可持续性。

要将部门和单位预算收支全面纳入绩效管理，赋予部门和资金使用单位更多的管理自主权，从运行成本、管理效率、履职效能、社会效益、可持续发展能力和服务对象满意度等方面，衡量其核心业务实施效果。

要将政策和项目全面纳入绩效管理，从数量、质量、时效、成本、效益等方面，综合衡量政策和项目预算资金使用效果。

“以前预算绩效管理最早从项目开始，属于微观层面、技术层面，这次《意见》明确要建立预算绩效管理的全方位格局，将政府、部门和单位、政策预算绩效评价全面纳入，是重大突破。”国家行政学院刘旭涛教授表示。

“全过程”是指将绩效理念和方法深度融入预算编制、执行和监督各环节，实现预算和绩效管理一体化。对新增重大政策和项目实施事前绩效评估，强化预算绩效目标管理，做好绩效运行监控，开展绩效评价，加强评价结果应用。

中国财政学会绩效管理研究专业委员会副主任委员、秘书长王泽彩认为，《意见》要求强化事前绩效目标设置、事中绩效目标动态监控、事后开展绩效目标评价、评价结果公开和应用全过程预算绩效管理，构建了一个“闭环性、穿透式”预算绩效管理框架体系。

“《意见》首次明确要对新出台重大政策、项目开展事前绩效评估，必要时可组织第三方机构独立开展，强化了预算管理的事前控制功能，推动绩效管理关口前移，为实现预算编制与政策的中长期协调奠定了基础。”中央财经大学政府管理学院曹堂哲教授称。

“全覆盖”是指将绩效管理覆盖一般公共预算、政府性基金预算、国有资本经营预算和社会保险基金预算四本预算，加强四本预算之间的衔接，并将绩效管理延伸至政府债务、政府和社会资本合作（PPP）、政府投资基金、主权财富基金等政府投融资活动以及政府采购、政府购买服务等领域。

王泽彩认为，预算绩效管理覆盖四本预算较过去只对一般公共预算支出绩效评价有重大突破。尤其是一般公共预算收入绩效管理重点关注收入结构、征收效率和优惠政策实施效果；一般公共预算支出绩效管理重点关注配置效率、使用效益，将促进区域财力协调配置和均衡发展，助推基本公共服务均等化。

制度体系、约束机制建设在路上：

全面实施预算绩效管理是一项长期的系统性工程。绩效管理专业性、技术性较强，制度体系建设是全面实施预算绩效管理的基础；有效发挥预算绩效管理激励约束作用是此次改革成功实施的关键。

制度体系建设方面，《意见》明确，要完善预算绩效管理流程，制定预算绩效管理制度和实施细则，引导和规范第三方机构参与预算绩效管理，使预算绩效管理有章可循、有规可依。建立健全定量和定性相结合的共性绩效指标框架，以及分行业、分领域、分层次的核心绩效指标和标准体系，加快预算绩效管理信息化建设，创新评估评价方法，提高预算绩效管理的科学性。

“《意见》用‘14个建立’勾画了预算绩效管理制度框架体系，可以说预算管理制度改革与发展任重道远。”王泽彩表示。在他看来，《意见》强调要分行业、分领域、分层次建立定量和定性相结合的共性绩效指标体系和标准体系，将实现全国统一的预算绩效评价指标“度量衡”，真正做到“可比较、可监测、可评价、可报告”，将比目前的标准化更加科学合理，更加规范实用。

全面实施预算绩效管理涉及面广，包括财政部在内的中央各部委、地方各级政府和各部门各单位都参与其中，各司其职，各负其责。对各预算单位而言，预算绩效管理是一场“刀刃向内”的管理机制变革。

《意见》明确，财政部负责全面实施绩效管理工作的组织协调，负责绩效管理顶层制度建设；地方各级政府和各部门各单位是预算绩效管理的责任主体，其主要负责人对本地区、本部门、本单位的预算绩效负责，项目责任人对项目预算绩效负责，对重大项目的责任人实行绩效终身责任追究制。

硬化约束机制方面，《意见》在赋予部门和资金使用单位更多的管理自主权的同时，强调压实部门和资金使用单位的绩效主体责任，建立绩效评价结果与预算安排和政策调整挂钩机制，切实做到花钱必问效、无效必问责；加大绩效信息公开力度，发挥审计机关职能作用，加强人民代表大会和社会各界监督，促使资金使用单位从“要我有绩效”向“我要有绩效”转变。

此外，《意见》要求各级政府将预算绩效结果纳入政府绩效和干部政绩考核体系，作为领导干部选拔任用、公务员考核的重要参考。各级财政部门负责对本级部门和预算单位、下级财政部门预算绩效管理情况进行考核，对考核结果要进行通报。

王泽彩认为，《意见》强调对重大项目的责任人实行“终身责任追究”，将进一步“倒逼”各级党委、政府和部门单位牢固树立“绩效意识、责任意识”。将绩效结果纳入政府和干部考核体系，可端正决策者的政绩观。

必须指出，推动向各级人民代表大会、社会公众及时公开详尽、全面的预算绩效评价信息，有利于倒逼政府提高资金使用效益。

2022年3月，中共中央办公厅发文，明确人大预算审查监督重点要从此前的赤字规模和预算收支平衡状况，拓展到支出预算和政策审查监督。显然，加强预算绩效评价结果向各级人大的公开力度，是其中应有之义。

但与庞大的政府收支规模相比，预算绩效评价结果公开的覆盖面偏窄，部分绩效评价信息公开部门选择做得最好或最简单的项目，监督作用没有充分发挥，亟待加强。

花钱必问效，无效必问责！作为民营企业更应如此！

35 Q：福利彩票1 360亿元是怎么被贪污的?

A：互联网彩票销售飞速增长，但是佣金并不多，一般在8%—10%，再扣除各种流量成本开支费用，赚取的利润非常之薄，因此，部分经营彩票的人“脑洞大开”，“吃票”行为开始蔓延。

比如某小型彩票网站，年销售额一亿元，提佣1 000万元，挂靠牌照可能要支出个三四百万元，公司开支可能有个两三百万元，还有其他开支，七七八八下来，净利润一般都不到200万元。这点利润碰到点风吹草动的意外就没了，更别提加大投资扩张公司规模了。

但是在实际操作中，这家公司发现，他卖出去一亿元的彩票，实际支付的奖金，一年下来连500万元都没有，于是这家公司产生了一个大胆的想法，只有一部分的彩票正常售卖，其余的彩票部分拿了钱之后却并不实际出票，按照正常售卖的那部分给予的号码，随机分配给后面的彩民，等同于公司开了彩票私庄，和彩民对赌。

这样，这家公司的提佣，从每年1 000万元，一下子就变成了每年9 500万元，扣掉800万元的费用，净利润从200万元，跃升为8 700万元。

如果这种事情监管部门不作为，或伙同作案，那涉及的数目可就触目惊心了。

主要领导的定罪是利用职务上的便利为他人谋取利益并收受财物，涉嫌受贿犯罪。

36 Q：企业“账外账”“小金库”来源有哪些？

A：企业“账外账”“小金库”来源主要有以下几种：

（1）截留收入及收益形成。这是“账外账”“小金库”形成的主要来源，主要表现为截留销售收入、各种劳务及服务收入、废旧物资处理收入、投资收益、联营所得以及资本利得等。最为常见的是截留销售收入，其主要手法是采取开具假发票或在对方不需要票据的情况下，将销售收入截留存放在账外。废旧物资处理在大部分企业内部管理中都较易被忽视，因此，废旧物资处理收入往往容易被小团体截留作为集体福利开支。

（2）虚列支出套取资金形成。主要表现为虚构经济业务虚列支出套取资金存放账外和利用真实业务虚增支出套取资金存放账外等。如某企业利用真实的维修工程业务，在原本的300万元成本基础上利用假合同假单据虚增100万元成本，将虚增的100万元资金套出转移至账外。

（3）利用假单据骗取资金形成。主要表现为骗取财政资金或其他公款，如重大技术改造资金拨款等，这类资金通常要求固定资产投资需达到一定规模，部分企业为取得财政专项资金支持，往往采取假发票假银行单据虚增固定资产投资成本，骗取财政补贴资金并将其转移至账外使用。

（4）利用往来单位转移资金形成。主要表现为利用上下级单位和业务往来单位的便利，将资金转移至账外。如利用虚假关联交易通过预付账款、其他应收款等往来科目将资金转移至账外进行体外循环，本金收回后，将体外循环的收益存放于账外；将已作为坏账核销的应收账款、其他应收款收回后存放账外；上级单位在成本费用中列支所属下级单位的费用，再将下级单位归还的资金存放账外等。

（5）隐匿非经常性收益形成。主要表现为将外单位支付的回扣、佣金、好处费、返点返利、赞助、捐赠等非经常性收入存放账外。由于这部分收入不具经常性、公开性，隐蔽性较强，较易被经手人以及经手部门截留使用，因此导致经济案件的风险也更高。

37 Q：如何发现企业“账外账”“小金库”？

A：对企业“账外账”“小金库”进行审计的方法主要有：

（1）账户查询法。

可在审计调查了解阶段，要求被审计单位提供基本户开户银行或人民银行出具的单位所有账户信息，将上述开户信息与企业财务账内核算的所有银行账户信息进行核对，这个方法对于发现以单位名义存放的“账外账”“小金库”较为便捷实用。

（2）内控分析法。

在审计调查了解阶段，重点对单位收入完整性进行测试，以产品出库单、客户提货单等为原始依据和测试起点，结合客户合同及存货盘点情况等与收入确认金额进行核对分析，以查找是否存在截留收入设置“账外账”“小金库”的情况。需要注意的是，此种方法一定不能以发票作为测试起点，否则不能发现不需开票的收入。

（3）支出核实法。

在实质性测试阶段，重点对大额成本费用进行真实性测试。特别关注采取现金或开具现金支票方式进行结算的经济业务，在网上发票查询系统查询票据的真实性，必要时还可到收款方进行延伸调查，以查找虚列支出套取资金设置“账外账”“小金库”的情况。

（4）往来核对法。

对预付账款、应收账款、其他应收款等往来科目进行趋势分析，对存在异常变动的科目要重点分析被审计单位与相关客户、供应商之间往来的真实性，必要时可进行延伸调查，以查找利用外部往来单位虚构交易以及利用关联交易转移资金的行为。同时，还应关注企业与其上级部门及下属企业往来的真实性，特别是在抽查被审计单位的上下级往来单位时，应重点关注上下级往来单位转账支付所使用的被审计单位的收款账号，将其与被审计单位账内的银行账户进行核对，以查找利用内部往来转移资金设置“账外账”“小金库”的情况。

（5）现金盘点法。

突击抽查被审计单位的保险柜，此种方法适用于被审计单位业务规模较小的情况。抽查现场必须有两名以上审计人员以及被审计单位会计、出纳等同时在场，抽查时间应根据实际情况，选取早上现金收付业务尚未开始前，或晚上现金收付业务结束后，并且应对保险柜内全部物品进行清点检查，此种方法可发现以现金形式存放或以个人名义开设存单存放的“账外账”“小金库”资金。

38 Q：上市公司瞬间变脸，不懂财务，玩死你，没商量。

A：商誉、商誉减值，你知道多少？

问：计提商誉减值准备的都怎么规定的？什么情况下要计提啊？

答：商誉作为企业的一项资产，是指企业获取正常盈利水平以上收益（即超额收益）的一种能力，是企业未来实现的超额收益的现值，具体表现为在企业合并中购买企业支付的买价超过被购买企业净资产公允价值的部分。

资产减值是指资产的可收回金额低于其账面价值所形成的价值的减少，资产减值意味着现时资产预计给企业带来的经济利益比原来入账时所预计的要低。

39 Q：这样做，套取现金的嫌疑很大哦！

A：最近接触一个项目验收，项目涉及劳务费支出，单位只提供了劳务费名单及金额，没有领款人签字，费用全部发生在一笔凭证上，即12月的凭证。

还原一下项目的真实情况：项目实施在7—11月，每个月会有培训，培训会涉及讲课费、会议组织者劳务费等，按常理应该在费用产生的当月发生并支付，并且需要领款人签字，同时需要提供领款人个人身份信息及联系方式，这才是正确的做法。

如果你只提供了名单及金额，但没有领款人签字，不是套现是什么呢？

所以，支付劳务费需要规范。

第五篇

税收政策篇

【专题1】个人所得税

1 Q：健康商业保险税前扣除。

A：福利到：你的个人健康商业保险，可以在税前扣除啦！

根据《关于将商业健康保险个人所得税试点政策推广到全国范围实施的通知》（财税〔2017〕39号，以下简称《通知》）和《关于推广实施商业健康保险个人所得税政策有关征管问题的公告》（国家税务总局公告2017年第17号）规定，从2017年7月1日起商业健康保险个人所得税试点政策推广到全国范围实施。

2 Q：税法中有关捐赠的条款解读。

A：公益捐赠要注意三点：

（1）公益慈善事业，应当符合《中华人民共和国公益事业捐赠法》第三条对公益事业范围的规定或者《中华人民共和国慈善法》第三条对慈善活动范围的规定。（《财政部 税务总局关于通过公益性群众团体的公益性捐赠税前扣除有关事项的公告》财政部 税务总局公告2021年第20号）

（2）必须"通过中国境内的社会团体、国家机关"，它的基本含义就是，必须通过形式上被认可的中间方进行捐赠，公司自己进行直接捐赠、个人通过公司或者其他人进行捐赠、个人直接进行捐赠都是不被税法认可的。这个也好理解，否则这个政策就失去意义了。

（3）基本扣除限额是"应纳税所得额30%"。注意，是"应纳税所得额"

的30%，不是收入。

可以享受全额扣除优惠的捐赠对象包括：①公益性青少年活动场所；②教育事业；③福利性、非营利性的老年服务机构；④红十字事业；⑤农村义务教育。

可以享受全额扣除优惠的公益性机构包括：中华健康快车基金会、孙冶方经济科学基金会、中华慈善总会、中国法律援助基金会、中华见义勇为基金会、中国老龄事业发展基金会、中国华文教育基金会、中国绿化基金会、中国妇女发展基金会、中国关心下一代健康体育基金会、中国生物多样性保护基金会、中国儿童少年基金会、中国光彩事业基金会、中国医药卫生事业发展基金会、中国教育发展基金会、宋庆龄基金会、中国福利会、中国残疾人福利基金会、中国扶贫基金会、中国煤矿尘肺病治疗基金会、中华环境保护基金会、红十字会。

综上所述，如果目标基金会在上述的名单里面，企业还是会乐于捐款的，否则的话，抵扣不了，可能让企业捐款的难度非常大。

3 Q：关于个人解除劳动合同取得经济补偿金如何缴税？

A：《国家税务总局关于个人解除劳动合同取得经济补偿金征收个人所得税扣除基本养老等保险基金问题的批复》（国税函〔2001〕665号）文件规定如下：

辽宁省地方税务局：

你局《关于个人解除劳动合同取得经济补偿金在计征个人所得税时扣除基本养老等保险基金问题的请示》（辽地税发〔2001〕95号）收悉。经研究，现批复如下：

《国家税务总局关于个人因解除劳动合同取得经济补偿金征收

个人所得税问题的通知》(国税发〔1999〕178号)第四条法规:“个人按国家或地方政府法规比例实际缴纳的住房公积金、医疗保险金、基本养老保险金、失业保险基金(以下简称”四金“)在计税时应予以扣除”。

此处所称应予扣除的实际缴纳的“四金”,是指个人在取得一次性经济补偿金时,按国家或地方政府法规比例实际缴纳的“四金”,在计税时应据实扣除。

个人在取得一次性经济补偿金时未实际缴纳的“四金”以及以后实际缴纳的“四金”,不得在计算一次性经济补偿金应纳的个人所得税时扣除。

4 Q:员工离职补偿金如何缴税?

A:对于个人因解除劳动合同而取得一次性经济补偿收入,应按“工资、薪金所得”项目计征个人所得税。

个人因与用人单位解除劳动关系而取得的一次性补偿收入(包括用人单位发放的经济补偿金、生活补助费和其他补助费用),其收入在当地上年职工平均工资3倍数额以内的部分,免征个人所得税;超过的部分按照国税发〔1999〕178号文件的有关规定,计算征收个人所得税。

企业支付的离职补偿金,应该按“工资、薪金所得”项目代扣代缴个人所得税,由支付单位在支付时一次性代扣代缴。

相关文件:

《国家税务总局关于个人因解除劳动合同取得经济补偿金征收个人所得税问题的通知》(国税发〔1999〕178号);《财政部 国家税务总局关于个人与用人单位解除劳动关系取得的一次性补偿收入征免个人所得税问题的通

知》（财税〔2001〕157号）。

5 Q：个人所得税申报补缴不存在税务风险，不申报补缴才存在税务风险。

A：两个公司分别计税，然后按年自行到税务局申报补缴。

《个人所得税法实施条例》（国务院令第600号，现行国务院令第707号）第三十六条规定：

> 纳税义务人有下列情形之一的，应当按照规定到主管税务机关办理纳税申报：
>
> （一）年所得12万元以上的；
>
> （二）从中国境内两处或者两处以上取得工资、薪金所得的；
>
> ……

在两个独立核算的公司任职且取得两份工资的，需按上述条款到税务局自行申报。

而对于两个公司来讲，税法规定只对其支付的工资有扣税义务，这样就会发生有两次起征点的情况，但按税法规定，只能有一个起征点，所以需要自行申报并重新合计计算税款补缴。

6 Q：个人独资企业、合伙企业的个人投资者借款长期不还有税务风险，你知道吗？

A：个人独资企业、合伙企业的个人投资者以企业资金为本人、家庭成员及其相关人员支付与企业生产经营无关的消费性支出及购买汽车、住房等财产性支出，视为企业对个人投资者的利润分配，并入投资者个人的生产经营所得，依照“个体工商户的生产经营所得”项目计征个人所得税。

参考文件：《财政部 国家税务总局关于规范个人投资者个人所得税征收管理的通知》（财税〔2003〕158号）。

这也引发了另外一个问题，股东或投资者把钱无偿借给公司，需要缴税吗？欢迎大家参与讨论！

7 Q：委托关联企业代替发放工资，个人所得税是关联发放单位代扣吗？

A：是的。

《个人所得税法》第八条明文规定：个人所得税，以所得人为纳税义务人，以支付所得的单位或者个人为扣缴义务人。

同时，此笔扣缴税款也向扣缴义务人居住地或机构所在地主管税务机关进行扣缴申报入库，大致可以理解为“谁付钱，谁扣税，谁缴纳”。

8 Q：税务局返还的个人所得税收入，账务处理你做对了吗？

A：企业或单位的税收相关业务有一种叫纳税申报，比如增值税、企业所得税的纳税申报；另一种叫代扣代缴。

目前，我们的个人所得税采用的是代扣代缴的方式。

纳税义务人是个人，由企业或单位实施代扣代缴，因此才会有个人所得税返还。

个人所得税返还是一种收入，切不可挂账作为其他应付款核算，应该作为营业外收入，你单位的个人所得税返还账务处理做对了吗？

9 Q：劳务费涉及的个人所得税你算对了吗？

A：大家都知道劳务费超过800元需要代扣代缴个人所得税，但“800元”是按照月计算的吗？如果不是按月那又是按照什么呢？

按照相关法规，劳务费是按次计算的。

既然是按次，那就需要在劳务费发放表上注明项目具体名称，如：××学校、××协会等，而不能含糊不清，笼统地写成一个项目。

关于个人所得税你的理解对吗？关于个人所得税，你给其他人算对了吗？不该缴的税缴了，后果怎样，你懂的！

10 Q：个人取得股票期权需要缴纳个人所得税吗？

A：需要在取得月份按照工资薪金所得缴纳。

根据《财政部 国家税务总局关于个人股票期权所得征收个人所得税问题的通知》（财税〔2005〕35号）、《国家税务总局关于个人股票期权所得缴纳个人所得税有关问题的补充通知》（国税函〔2006〕902号）、《关于股票增值权所得和限制性股票所得征收个人所得税有关问题的通知》（财税〔2009〕5号）以及《国家税务总局关于股权激励有关个人所得税问题的通知》（国税函〔2009〕461号）的规定，股份支付的个人所得税税务处理如下：

（1）企业（含上市公司和非上市公司）员工取得的股票（境内外上市公司股票）期权。

企业员工股票期权是指上市公司按照规定的程序授予本公司及其控股

企业员工的一项权利，该权利允许被授权员工在未来时间内以某一特定价格购买本公司一定数量的股票。

①企业（含上市公司和非上市公司）员工取得可公开交易的股票（境内外上市公司股票）期权。

员工参加股票期权计划取得的所得，应按授权日股票期权的市场价格，作为员工授权日所在月份的工资薪金所得缴纳个人所得税，对该股票期权形式的工资薪金所得可区别于所在月份的其他工资薪金所得，单独按下列公式计算当月应纳税款：

应纳税额=[（授权日标的股票期权的市场价格－员工取得该股票期权支付的每股施权价）×股票数量÷规定月份数×适用税率－速算扣除数]×规定月份数

上款公式中的规定月份数，是指员工取得来源于中国境内的股票期权形式工资薪金所得的境内工作期间月份数，长于12个月的，按12个月计算；上款公式中的适用税率和速算扣除数，以股票期权形式的工资薪金应纳税所得额除以规定月份数后的商数。

②企业（含上市公司和非上市公司）员工取得不可公开交易的股票（境内外上市公司股票）期权。

员工参加股权期权计划取得的所得，应按行权股票的每股市场价，作为员工行权日所在月份的工资薪金所得缴纳个人所得税，对该股票期权形式的工资薪金所得可区别于所在月份的其他工资薪金所得，单独按下列公式计算当月应纳税款：

应纳税额=[（行权股票的每股市场价－员工取得该股票期权支付的每股施权价）×股票数量÷规定月份数×适用税率－速算扣除数]×规定月份数

上款公式中的规定月份数，是指员工取得来源于中国境内的股票期权形式工资薪金所得的境内工作期间月份数，长于12个月的，按12个月计算；上款公式中的适用税率和速算扣除数，以股票期权形式的工资薪金应纳税所得额除以规定月份数后的商数。

（2）员工从上市公司（含境内外上市公司）取得股票增值权。

股票增值权，是指上市公司授予公司员工在未来一定时期和约定条件下，获得规定数量的股票价格上升所带来收益的权利。

被授权人在约定条件下行权，上市公司按照行权日与授权日二级市场股票差价乘以授权股票数量，发放给被授权人现金。上市公司向被授权人兑现股票增值权所得时，员工应该按照“工资、薪金所得”税目缴纳个人所得税，股票增值权某次行权应纳税所得额=（行权日股票价格－授权日股票价格）×行权股票份数。然后参照股票期权的计算方法计算应纳税额。

（3）员工从上市公司（含境内外上市公司）取得限制性股票。

限制性股票，是指上市公司按照股权激励计划约定的条件，授予公司员工一定数量本公司的股票。

员工应在每一批次限制性股票解禁时，按照“工资、薪金所得”缴纳个人所得税，应纳税所得额=（股票登记日股票市价+本批次解禁股票当日市价）÷2×本批次解禁股票份数－被激励对象实际支付的资金总额×（本批次解禁股票份数÷被激励对象获取的限制性股票总份数），然后参照股票期权的计算方法计算应纳税额。

所以，行权日前请准备好税款。

11 Q：你所关心的最新个人所得税专项附加扣除标准政策在这里。

A：（1）哪些不需要提供发票或证明？

纳税人在子女教育和赡养老人方面的支出等都是不需要提供发票和进行额外说明的。

（2）3岁以下婴幼儿照护专项附加扣除标准，由每个婴幼儿每月1 000元提高到2 000元。

（3）子女教育专项附加扣除标准，由每个子女每月1 000元提高到2 000元。

（4）赡养老人专项附加扣除标准，由每月2 000元提高到3 000元。其中，独生子女按照每月3 000元的标准定额扣除；非独生子女与兄弟姐妹分摊每月3 000元的扣除额度，每人分摊的额度不能超过每月1 500元。

（5）3岁以下婴幼儿照护、子女教育、赡养老人专项附加扣除涉及的其他事项，按照《个人所得税专项附加扣除暂行办法》有关规定执行。

依据：《国务院关于提高个人所得税有关专项附加扣除标准的通知》（国发〔2023〕13号）。

【专题2】企业所得税

12 Q：金税四期，大数据说话——由毛利分析引发的企业面临需要补缴企业所得税过百万元的风险。

A：一个企业最近被税务局企业所得税科约谈，要求提交其2022年相关财务资料，经审查，该企业将面临补缴2022年企业所得税过百万元的风险。

具体分析一下该单位的财务报表，发现其2022年销售收入比2021年销售收入增加600万元，但利润没有增加，反而减少。就其毛利反映出的信息，2015年毛利率为7.77%，2022年毛利率为3.09%，我们不和同行业相比，仅仅对该企业进行纵向比对，毛利率数据已经预警。何况金税四期企业的所有数据都已经上了系统，大数据会说话，作为企业千万不能有侥幸心理。

毛利下降的原因，一方面是少记收入，另一方面就是多计成本。

从成本考虑，主要包括直接材料、直接人工、制造费用。通过分析很容易发现异常点在哪里。企业的问题具体表现在工资支付中有440万元存在异常：一是发放工资支付的是现金，但没有本人签字，这样真实性就会受到质疑；二是发放工资后附的是一张转账支票，我们知道转账支票是不可能用于发放几十个人的工资的。里边有什么隐情只有自己最清楚。

所以，金税四期，大数据说话，大数据的厉害才刚刚开始显现，请妥善为之。

13 Q：财政局的土地出让金返还、专款专用，用缴企业所得税吗？

A：答案是：不用缴纳企业所得税。

依据：财税〔2008〕151号、财税〔2011〕70号文件。

《财政部 国家税务总局关于专项用途资金企业所得税处理问题的通知》（财税〔2001〕70号）规定，企业取得的专项用途财政性资金企业所得税处理问题通知如下：

一、企业从县级以上各级人民政府财政部门及其他部门取得的应计入收入总额的财政性资金，凡同时符合以下条件的，可以作为不征税收入，在计算应纳税所得额时从收入总额中减除：

（一）企业能够提供规定资金专项用途的资金拨付文件；

（二）财政部门或其他拨付资金的政府部门对该资金有专门的资金管理办法或具体管理要求；

（三）企业对该资金以及以该资金发生的支出单独进行核算。

二、根据实施条例第二十八条的规定，上述不征税收入用于支出所形成的费用，不得在计算应纳税所得额时扣除；用于支出所形成的资产，其计算的折旧、摊销不得在计算应纳税所得额时扣除。

三、企业将符合本通知第一条规定条件的财政性资金作不征税收入处理后，在5年（60个月）内未发生支出且未缴回财政部门或其他拨付资金的政府部门的部分，应计入取得该资金第六年的应税收入总额；计入应税收入总额的财政性资金发生的支出，允许在计算应纳税所得额时扣除。

四、本通知自2011年1月1日起执行。

14 Q：企业的股权质押贷款发生的利息支出，没有发票，可以在企业所得税前列支吗？

A：没有发票，是不可以在企业所得税之前列支的。

依据如下：

《国家税务总局关于发布〈企业所得税税前扣除凭证管理办法〉的公告》（国家税务总局公告2018年第28号）

（1）税前扣除凭证的定义。

税前扣除凭证是指企业在计算应纳税所得额时，证明与取得收入有关的、合理的支出实际发生，并据以税前扣除的各类凭证。

（2）税前扣除凭证管理遵循的原则。

税前扣除凭证在管理中遵循真实性、合法性、关联性原则。真实性是指税前扣除凭证反映的经济业务真实，且支出已经实际发生；合法性是指税前扣除凭证的形式、来源符合国家法律、法规等相关规定；关联性是指税前扣除凭证与其反映的支出相关联且有证明力。

（3）税前扣除凭证与税前扣除的关系。

企业发生支出，应取得税前扣除凭证，作为计算企业所得税应纳税所得额时扣除相关支出的依据。

（4）税前扣除凭证的种类。

税前扣除凭证按照来源分为：内部凭证和外部凭证。

内部凭证是指企业自制用于成本、费用、损失和其他支出核算的会计原始凭证。内部凭证的填制和使用应当符合国家会计法律、法规等相关规定。

外部凭证是指企业发生经营活动和其他事项时，从其他单位、个人取得的用于证明其支出发生的凭证，包括但不限于发票（包括纸质发票和电子发票）、财政票据、完税凭证、收款凭证、分割单等。

15 Q：股份支付计提金额是否可以在企业所得税之前扣除？

A：按照《国家税务总局关于我国居民企业实行股权激励计划有关企业所得税处理问题的公告》（国家税务总局公告2012年第18号）的规定，在我国境内上市的居民企业为其职工建立了股权激励计划的，按照下列规定进行企业所得税的处理：

> （一）对股权激励计划实行后立即可以行权的，上市公司可以根据实际行权时该股票的公允价格与激励对象实际行权支付价格的差额和数量，计算确定作为当年上市公司工资薪金支出，依照税法规定进行税前扣除。
>
> （二）对股权激励计划实行后，需待一定服务年限或者达到规定业绩条件方可行权的，上市公司等待期内会计上计算确认的相关成本费用，不得在对应年度计算缴纳企业所得税时扣除。在股权激励计划可行权后，上市公司方可根据该股票实际行权时的公允价格与

当年激励对象实际行权支付价格的差额及数量，计算确定作为当年上市公司工资薪金支出，依照税法规定进行税前扣除。

所以，股份支付等待期既会造成当期企业所得税前利润的减少，也会造成当期企业所得税的增加。

16 Q：企业取得了政府拆迁补偿款是否要缴企业所得税？

A：政府指导的企业拆迁也称为企业政策性搬迁，根据《企业政策性搬迁所得税管理办法》（国家税务总局公告2012年第40号）规定，符合政策性搬迁企业的搬迁收入扣除搬迁支出后的余额为企业的搬迁所得，这里“搬迁支出”指重置固定资产和技术改造及搬迁损失费用，不包括安置职工的费用。企业应在搬迁完成年度将搬迁所得计入当年度企业应纳税所得额计算纳税。

搬迁完成年度是企业纳税义务发生的时间。上述40号文规定了认定搬迁年度的标准是从搬迁开始5年内（包括搬迁当年度），搬迁补偿款扣除搬迁费用支出和资产处置支出等，结余的款项要缴纳企业所得税。

【专题3】增值税

17 Q：公司购买房产用于经营，需要开具增值税专用发票还是普通发票？进项税能抵扣吗？

A：需要取得增值税专用发票。进项税可以抵扣。

根据《财政部 国家税务总局关于全面推开营业税改征增值税试点的通

知》(财税〔2016〕36号)附件1《营业税改征增值税试点实施办法》规定：

第二十一条 一般计税方法的应纳税额，是指当期销项税额抵扣当期进项税额后的余额。应纳税额计算公式：应纳税额=当期销项税额-当期进项税额。销项税额小于当期进项税额不足抵扣时，其不足部分可以结转下期继续抵扣。

第二十四条 进项税额，是指纳税人购进货物、加工修理修配劳务、服务、无形资产或者不动产，支付或者负担的增值税额。

第二十八条 不动产、无形资产的具体范围，按照本办法所附的《销售服务、无形资产或者不动产注释》执行。

根据《营业税改征增值税试点有关事项的规定》规定：

适用一般计税方法的试点纳税人，2016年5月1日后取得并在会计制度上按固定资产核算的不动产或者2016年5月1日后取得的不动产在建工程，其进项税额应自取得之日起分2年从销项税额中抵扣，第一年抵扣比例为60%，第二年抵扣比例为40%。取得不动产，包括以直接购买、接受捐赠、接受投资入股、自建以及抵债等各种形式取得不动产，不包括房地产开发企业自行开发的房地产项目。

18 Q：企业结构性存款持有收益是否缴纳增值税?

A：保本收益缴纳增值税，非保本收益不缴纳增值税。

(1)什么是结构性存款。

根据《中国人民银行关于印发〈存款统计分类及编码标准(试行)〉的通知》(银发〔2010〕240号)规定，结构性存款指金融机构吸收的嵌入金融衍生工具的存款，通过与利率、汇率、指数等的波动挂钩或与某实体的信用情况挂钩，使存款人在承担一定风险的基础上获得更高收益的业务产品。

目前比较典型的结构性存款有：利率挂钩型结构性存款、汇率挂钩型结构性存款、信用挂钩型结构性存款、股票挂钩型结构性存款和商品挂钩型结构性存款。

结构性存款的设计一般为“存款+期权”，基于嵌入的衍生品工具可划分利率、汇率、商品、股票、信用等挂钩型产品，形成“低风险低收益+高风险高收益”资产组合。收益可分为两部分，一部分是存款所产生的固定收益，另一部分是与标的资产的价格波动挂钩的收益，能够使存款人在承受一定风险的基础的前提下，在基础收益之上获得较高投资收益。结构性存款根据收益类型可以分为保本型和非保本型，期权部分的风险和收益均由客户承担。

中国证券监督管理委员会《2014年上市公司年报会计监管报告》明确，结构性存款的分类，主要取决于存款产品说明书中的约定条款。目前公司认购、银行发行的结构性存款，其收益可能是与某些基础变量挂钩，如利率、汇率、黄金价格等，此类产品应视为嵌入衍生工具。根据企业会计准则及相关规定，公司应当将结构性存款中嵌入的衍生工具分拆，单独进行会计处理，但若嵌入衍生工具与存款合同在经济特征及风险方面存在紧密联系（如利率风险），或者与嵌入衍生工具类似条款的工具不符合衍生工具的定义或无法单独计量，可以将结构性存款整体指定为以公允价值计量且其变动计入当期损益的金融资产。

财税〔2016〕36号附件规定，金融商品包括外汇、有价证券、非货物期货、基金、信托、理财产品等各类资产管理产品和各种金融衍生品。

可见，结构性存款是在吸收存款的基础上加入金融衍生工具。在分类上，归属于存款，为存款类业务，反映为金融机构资产负债表的负债；但它又不同于普通存款，嵌入金融衍生工具。目前银行发行的结构性存款大都保证本金。在结构性存款定义中，也是将其定义为金融机构的“业务产品”。结构性存款实质上属于金融商品。

（2）保本结构性存款持有收益应缴纳增值税。

财税〔2016〕36号文规定，各种占用、拆借资金取得的收入，包括金融商品持有期间（含到期）利息（保本收益、报酬、资金占用费、补偿金等）收入按照贷款服务缴纳增值税。

财税〔2016〕140号文规定，《销售服务、无形资产、不动产注释》（财税〔2016〕36号附件）第一条第（五）项第1点所称“保本收益、报酬、资金占用费、补偿金”，是指合同中明确承诺到期本金可全部收回的投资收益。金融商品持有期间（含到期）取得的非保本的上述收益，不属于利息或利息性质的收入，不征收增值税。

由于结构性存款在合同中约定保本，取得结构性存款持有收益应按“贷款服务”缴纳增值税。

如果结构性存款产品为非保本的，其取得的持有收益不需缴纳增值税。

【专题4】税收优惠及其他

19 Q：《慈善法》颁布后，基金会可以享受哪些税收优惠？

A：你是否知道，基金会执行的是民间非营利组织会计制度，该制度在财务核算上与企业会计准则有诸多的不同。

如：股票投资，企业会计准则要求期末按公允价值计量，而民间非营利组织会计制度不要求按公允价值计量，只要求计提资产减值准备。

如一个企业持有上市公司股票300万股，初始投资支出人民币300万元，财务上作为可供出售金融资产核算，期末市价假如40元/股，则需要按照市价进行计量，将可供出售金融资产1.2亿元反映在财务报表上。

而民间非营利组织会计制度不要求按期末市价进行计量，所以账面仍然是300万元，市价的增长在财务报表上是看不出来的。

所以说，基金会的财务报表需要看说明，只看财务报表的话，有些重要信息不会显示。

如果基金会没有说明，审计报告又没有披露，报告使用者就不能获得全部的财务信息。

水够深吧？

20 Q：《关于非营利组织免税资格认定管理有关问题的通知》（财税〔2018〕13号）出台后，非营利组织免税资格认定，发生了哪些变化？

A：2018年1月1日后提出免税资格申请的社会组织应依据新文件要求准备材料。

变化一：民办非企业单位改为社会服务机构。

变化二：增加宗教院校。

变化三：人均工资水平（社会平均工资）的两倍改为同行业同类组织平均工资水平的两倍。

变化四：删除了年检结论必须为“合格”的条件。

变化五：实操中三证合一后已不用提供，本次文件正式删除该条。

变化六：将申请“前年度”改为“上一年度”，更直观便于理解。

变化七：提供资料中增加《工资薪金情况专项报告》。

变化八：提供资料中删除年度检查结论。

变化九：提供资料中增加上一年度符合相关法律法规和国家政策的事

业发展情况或非营利活动相关材料（提供材料时主要提供非营利活动的材料说明）。

变化十：增加了新设立非营利组织提供材料的要求。其中，变化最大的一点是提供资金来源及使用情况、公益活动和非营利活动的明细情况的数据为申请当年，而不是京财税〔2014〕546号文件规定的登记成立年度。

变化十一：新设立非营利组织不需要提供成立年度的审计报告，与京财税〔2014〕546号文件规定不同。

变化十二：复审申请由原来的期满前三个月提出改为期满后六个月提出，时间延长，更利于准备材料。

变化十三：删除了主管税务机关对非营利组织纳税申报表的审查。

变化十四：主管税务机关改为有关部门，根据《关于改革社会组织管理制度促进社会组织健康有序发展的实施意见》要求，这些部门包括民政、财政、税务、审计、金融、公安等部门，这些部门将共享执法信息。

变化十五：税务部门对非营利组织的免税优惠资格进行复核，复核不合格的，不再直接取消免税资格，而是从轻发落，保留资格，不合格的年度不享受税收优惠政策。

变化十六：非营利组织有应取消免税资格的情形时，不再直接取消资格，而是自该情形发生年度起取消其资格，更合乎情理。

变化十七：删除了年检不合格取消免税资格的规定。

变化十八：增加登记机关后续管理发现非营利组织不符合相关规定时取消免税资格的条款。

变化十九：第六大项第（三）条，在纳税信用等级规定中涉及。

变化二十：参考《国家税务总局关于发布〈纳税信用管理办法（试行）〉的公告》（国家税务总局公告2014年第40号）。

第十八条 纳税信用级别设A、B、C、D四级。A级纳税信用为年度评价指标得分90分以上的；B级纳税信用为年度评价指标得分70分以上不满90分的；C级纳税信用为年度评价指标得分40分以上不满70分的；D级纳税信用为年度评价指标得分不满40分或者直接判级确定的。

第二十条 有下列情形之一的纳税人，本评价年度直接判为D级：

（一）存在逃避缴纳税款、逃避追缴欠税、骗取出口退税、虚开增值税专用发票等行为，经判决构成涉税犯罪的；

（二）存在前项所列行为，未构成犯罪，但偷税（逃避缴纳税款）金额10万元以上且占各税种应纳税总额10%以上，或者存在逃避追缴欠税、骗取出口退税、虚开增值税专用发票等税收违法行为，已缴纳税款、滞纳金、罚款的；

（三）在规定期限内未按税务机关处理结论缴纳或者足额缴纳税款、滞纳金和罚款的；

（四）以暴力、威胁方法拒不缴纳税款或者拒绝、阻挠税务机关依法实施税务稽查执法行为的；

（五）存在违反增值税发票管理规定或者违反其他发票管理规定的行为，导致其他单位或者个人未缴、少缴或者骗取税款的；

（六）提供虚假申报材料享受税收优惠政策的；

（七）骗取国家出口退税款，被停止出口退（免）税资格未到期的；

（八）有非正常户记录或者由非正常户直接责任人员注册登记或者负责经营的；

（九）由D级纳税人的直接责任人员注册登记或者负责经营的；

（十）存在税务机关依法认定的其他严重失信情形的。

变化二十一：参考财税〔2014〕13号文件，第六大项第（五）条，该条在纳税信用等级规定中涉及。

变化二十二：参考财税〔2014〕13号文件，第六大项第（六）条，该条在严重违法失信名单中涉及。

变化二十三：参考《社会组织信用信息管理办法》（中华人民共和国民政部令第60号）。

第十五条 登记管理机关应当将有下列情形之一的社会组织列入严重违法失信名单：

（一）被列入活动异常名录满2年的；

（二）弄虚作假办理变更登记，被撤销变更登记的；

（三）受到限期停止活动行政处罚的；

（四）受到5万元以上罚款处罚的；

（五）三年内两次以上受到警告或者不满5万元罚款处罚的；

（六）被司法机关纳入"失信被执行人"名单的；

（七）被登记管理机关作出吊销登记证书、撤销成（设）立登记决定的；

（八）法律、行政法规规定应当列入的其他情形。

变化二十四：参考财税〔2018〕13号文件，第六大项第（六）条新增条款。

变化二十五：被取消免税资格后，重新申请年限缩短，由旧文件规定的五年不再受理申请，变更为次年起一年内不再受理申请。

变化二十六：从事非法政治活动将受到严厉惩罚，永远不再受理申请。

变化二十七：增加取消免税资格后，非营利组织应履行纳税义务，主管税务机关有追缴税款权利。

变化二十八：增加对财政、税务部门及其工作人员的责任认定。

21 Q：非营利组织的哪些收入属于免税收入？

A：根据《财政部 国家税务总局关于非营利组织企业所得税免税收入问题的通知》（财税〔2009〕122号）规定，非营利组织的下列收入为免税收入：

（1）接受其他单位或者个人捐赠的收入；

（2）除企业所得税法第七条规定的财政拨款以外的其他政府补助收入，但不包括因政府购买服务取得的收入；

（3）按照省级以上民政、财政部门规定收取的会费；

（4）不征税收入和免税收入孳生的银行存款利息收入；

（5）财政部、国家税务总局规定的其他收入。

根据上述规定，为政府提供服务而收取的服务费，不属于企业所得税免税收入的范围，应按照规定申报缴纳企业所得税。

22 Q：政府购买服务是否需要缴纳增值税？

A：增值税免税要求如下：

（1）《增值税暂行条例》规定的免税项目共7项。

①农业生产者销售的自产农产品；

②避孕药品和用具；

③古旧图书；古旧图书，是指向社会收购的古书和旧书。

④直接用于科学研究、科学试验和教学的进口仪器、设备；

⑤外国政府、国际组织无偿援助的进口物资和设备；

⑥由残疾人的组织直接进口供残疾人专用的物品；

⑦销售的自己使用过的物品。自己使用过的物品，是指其他个人自己使用过的物品。

（2）财政部、国家税务总局规定的其他征免税项目共15项。

①资源综合利用、再生资源、鼓励节能减排的规定。

a.免征增值税的自产货物（如：再生水；以废旧轮胎为全部生产原料生产的胶粉；翻新轮胎）。

b.免征增值税的劳务（如：污水处理劳务）。

②对宣传文化事业实行增值税优惠的规定。

③纳税人生产销售、批发、零售有机化肥免征增值税。

④融资租赁业务。

⑤转让企业全部产权涉及的应税货物的转让，不征收增值税。

⑥从事热力、电力、燃气、自来水等公用事业的增值税纳税人收取的一次性费用的增值税政策。

⑦代行政管理部门的收费，对符合条件的，不征收增值税。

⑧纳税人销售货物的同时代办保险而向购买方收取的保险费，以及从事汽车销售的纳税人向购买方收取的代购买方缴纳的车辆购置税、牌照费，不作为价外费用征收增值税。

⑨纳税人销售软件产品并随同销售一并收取的软件安装费、维护费、培训费等收入，应按照增值税混合销售的有关规定征收增值税，并可享受软件产品增值税即征即退政策。

对软件产品交付使用后，按期或按次收取的维护费、技术服务费、培训费等不征收增值税。

纳税人受托开发软件产品，著作权属于受托方的征收增值税，著作权属于委托方或属于双方共同拥有的不征收增值税。

⑩印刷企业接受出版单位委托，自行购买纸张，印刷有统一刊号（CN）以及采用国际标准书号编序的图书、报纸和杂志，按货物销售征收增值税。

印刷厂印图书、报纸、杂志和书报，分为两种情况：

a.纸张是印刷厂提供，税率为13%；

b.纸张由出版单位提供，税率为17%。

除此之外，印刷厂还可以印资料、信纸等，无论是哪方提供的原料，税率统一为17%。

⑪对增值税纳税人收取的会员费收入不征收增值税。

新增：符合规定条件的国内企业为生产国家支持发展的大型环保和资源综合利用设备等列举货物而确有必要进口部分关键零部件、原材料，免征关税和进口环节增值税。

低于起征点的经营户，经营免税商品的，生产免税商品的，符合条件的都可以申请减免。

根据上述文件规定，政府购买服务收入不属于免税收入，需要缴纳增值税。

23 Q：申请享受免税资格的非营利组织，需报送哪些材料？

A：

三、申请享受免税资格的非营利组织，需报送以下材料：

（一）申请报告；

（二）事业单位、社会团体、基金会、社会服务机构的组织章程或宗教活动场所、宗教院校的管理制度；

（三）非营利组织注册登记证件的复印件；

（四）上一年度的资金来源及使用情况、公益活动和非营利活动的明细情况；

（五）上一年度的工资薪金情况专项报告，包括薪酬制度、工作人员整体平均工资薪金水平、工资福利占总支出比例、重要人员工

资薪金信息（至少包括工资薪金水平排名前10的人员）;

（六）具有资质的中介机构鉴证的上一年度财务报表和审计报告；

（七）登记管理机关出具的事业单位、社会团体、基金会、社会服务机构、宗教活动场所、宗教院校上一年度符合相关法律法规和国家政策的事业发展情况或非营利活动的材料；

（八）财政、税务部门要求提供的其他材料。

当年新设立或登记的非营利组织需提供本条第（一）项至第（三）项规定的材料及本条第（四）项、第（五）项规定的申请当年的材料，不需提供本条第（六）项、第（七）项规定的材料。

24 Q：非营利组织申请免税资格，必须同时满足哪些条件？

A：

一、依据本通知认定的符合条件的非营利组织，必须同时满足以下条件：

（一）依照国家有关法律法规设立或登记的事业单位、社会团体、基金会、社会服务机构、宗教活动场所、宗教院校以及财政部、税务总局认定的其他非营利组织；

（二）从事公益性或者非营利性活动；

（三）取得的收入除用于与该组织有关的、合理的支出外，全部用于登记核定或者章程规定的公益性或者非营利性事业；

（四）财产及其孳息不用于分配，但不包括合理的工资薪金支出；

（五）按照登记核定或者章程规定，该组织注销后的剩余财产用于公益性或者非营利性目的，或者由登记管理机关采取转赠给与该组织性质、宗旨相同的组织等处置方式，并向社会公告；

（六）投入人对投入该组织的财产不保留或者享有任何财产权利，本款所称投入人是指除各级人民政府及其部门外的法人、自然人和其他组织；

（七）工作人员工资福利开支控制在规定的比例内，不变相分配该组织的财产，其中：工作人员平均工资薪金水平不得超过税务登记所在地的地市级（含地市级）以上地区的同行业同类组织平均工资水平的两倍，工作人员福利按照国家有关规定执行；

（八）对取得的应纳税收入及其有关的成本、费用、损失应与免税收入及其有关的成本、费用、损失分别核算。

25 Q：非营利组织免税资格什么情况下需要复审？

A：非营利组织免税优惠资格的有效期为五年。非营利组织应在免税优惠资格期满后六个月内提出复审申请，不提出复审申请或复审不合格的，其享受免税优惠的资格到期自动失效。

非营利组织免税资格复审，按照初次申请免税优惠资格的规定办理。

26 Q：已认定享受免税优惠政策的非营利组织什么情况下会被取消资格？

A：

（一）登记管理机关在后续管理中发现非营利组织不符合相关法律法规和国家政策的；

（二）在申请认定过程中提供虚假信息的；

（三）纳税信用等级为税务部门评定的C级或D级的；

（四）通过关联交易或非关联交易和服务活动，变相转移、隐匿、分配该组织财产的；

（五）被登记管理机关列入严重违法失信名单的；

（六）从事非法政治活动的。

因上述第（一）项至第（五）项规定的情形被取消免税优惠资格的非营利组织，财政、税务部门自其被取消资格的次年起一年内不再受理该组织的认定申请；因上述第（六）项规定的情形被取消免税优惠资格的非营利组织，财政、税务部门将不再受理该组织的认定申请。

被取消免税优惠资格的非营利组织，应当依法履行纳税义务；未依法纳税的，主管税务机关应当自其存在取消免税优惠资格情形的当年起予以追缴。

27 Q：养老机构税收优惠政策有哪些？

A：养老服务机构税收优惠政策涉及增值税、房产税、城镇土地使用税、企业所得税、个人所得税以及耕地占用税。

（1）增值税。

养老服务机构提供的养老服务免征增值税。

政策依据：《财政部 国家税务总局关于全面推开营业税改征增值税试点的通知》（财税〔2016〕36号）附件3第一条第（二）项规定，“一、下列项目免征增值税：……（二）养老机构提供的养老服务。养老机构，是指依照民政部《养老机构设立许可办法》（民政部令第48号）设立并依法办理登记的为老年人提供集中居住和照料服务日各类养老机构；养老服务，是指上述养老机构按照民政部《养老机构管理办法》(民政部令第49号)的规定，为收住的老年人提供的生活照料、康复护理、精神慰藉、文化娱乐等服务。”

(2)企业所得税。

①符合非营利性组织条件的老年服务机构，取得的养老服务收入，暂免征收企业所得税。

《中华人民共和国企业所得税法》第二十六条第(四)项规定：

> 企业的下列收入为免税收入：
>
> ……
>
> (四)符合条件的非营利组织的收入。

以及《中华人民共和国企业所得税法实施条例》第八十四条规定：

> 企业所得税法第二十六条第(四)项所称符合条件的非营利组织，是指同时符合下列条件的组织：
>
> (一)依法履行非营利组织登记手续；
>
> (二)从事公益性或者非营利性活动；
>
> (三)取得的收入除用于与该组织有关的、合理的支出外，全部用于登记核定或者章程规定的公益性或者非营利性事业；
>
> (四)财产及其孳息不用于分配；
>
> (五)按照登记核定或者章程规定，该组织注销后的剩余财产用于公益性或者非营利性目的，或者由登记管理机关转赠给与该组织性质、宗旨相同的组织，并向社会公告；
>
> (六)投入人对投入该组织的财产不保留或者享有任何财产权利；

（七）工作人员工资福利开支控制在规定的比例内，不变相分配该组织的财产。

前款规定的非营利组织的认定管理办法由国务院财政、税务主管部门会同国务院有关部门制定。

②其他老年服务机构，符合小微企业条件的，其取得的养老服务收入所得减按50%计入应纳税所得额，按20%的税率缴纳企业所得税。

③房产税、城镇土地使用税。

暂免征收养老服务机构自用的房产、土地的房产税、城镇土地使用税。

《财政部 国家税务总局关于对老年服务机构有关税收政策问题的通知》（财税〔2000〕97号）第一条规定：

对政府部门和企事业单位、社会团体以及个人等社会力量投资兴办的福利性、非营利性的老年福利机构，暂免征收企业所得税，以及老年服务机构自用的房产、土地、车船的房产税、城镇土地使用税、车船使用税。

《吉林省房产税实施细则》（吉政发〔1987〕163号）规定：

第五条　除《条例》第五条规定的以外，下列房产也免征房产税：（一）单位办的学校、医院（诊所）、幼儿园、托儿所、敬老院使用的房产。

④城市基础设施配套费。

用于提供社区养老服务的建设项目是否免征城市基础设施配套费？

免征。

依据《财政部 税务总局 发展改革委 民政部 商务部 卫生健康委关于养

老、托育、家政等社区家庭服务业税费优惠政策的公告》（财政部 税务总局 发展改革委 民政部 商务部 卫生健康委公告2019年第76号）文件规定，用于提供社区养老服务的建设项目，免征城市基础设施配套费。

⑤捐赠人所得税税前扣除的优惠。

捐赠单位和个人通过规定渠道向养老服务机构捐赠，在个人所得税税前准予全额扣除；按年度会计利润12%的限额在企业所得税税前扣除，超过年度利润总额12%的部分，准予结转以后3年内在计算应纳税所得额时扣除。

《财政部 国家税务总局关于对老年服务机构有关税收政策问题的通知》（财税〔2000〕97号）第二条规定：

> 二、对企事业单位、社会团体和个人等社会力量，通过非营利性的社会团体和政府部门向福利性、非营利性的老年服务机构的捐赠，在缴纳企业所得税和个人所得税前准予全额扣除。

《财政部 国家税务总局关于企业所得税若干优惠政策的通知》（财税〔2008〕1号）第三条规定：

三、关于其他有关行业、企业的优惠政策

> 为保证部分行业、企业税收优惠政策执行的连续性，对原有关就业再就业，奥运会和世博会，社会公益，债转股、清产核资、重组、改制、转制等企业改革，涉农和国家储备，其他单项优惠政策共6类定期企业所得税优惠政策（见附件），自2008年1月1日起，继续按原优惠政策规定的办法和时间执行到期。

该文件在企业所得税实施后对若干税收优惠准予政策延续，但没有提及捐赠单位通过规定渠道向养老服务机构捐赠，可以在企业所得税税前全额扣除政策准予延续。

《全国人民代表大会常务委员会关于修改〈中华人民共和国企业所得税法〉的决定》(中华人民共和国主席令第六十四号)规定:

> 将第九条修改为:企业发生的公益性捐赠支出,在年度利润总额12%以内的部分,准予在计算应纳税所得额时扣除;超过年度利润总额12%的部分,准予结转以后三年内在计算应纳税所得额时扣除。
>
> (本决定自公布之日2017年2月24日起施行)

注:税收方面对老年服务机构的范围界定:

《财政部 国家税务总局关于对老年服务机构有关税收政策问题的通知》(财税〔2000〕97号)第三条规定:

> 三、本通知所称老年服务机构,是指专门为老年人提供生活照料、文化、护理、健身等多方面服务的福利性、非营利性的机构、主要包括:老年社会福利院、敬老院(养老院)、老年服务中心、老年公寓(含老年护理院、康复中心、托老所)等。

28 Q:出口退税相关问题。

A:出口商品可以退回国内所缴纳的增值税,以不含税的价格参与国际市场竞争。这并非什么优惠,因为外国客户进口或未来销售时也要缴税,但中国税务机关征的增值税,不可能拿到外国税务局去抵扣,所以会导致出口商品最终被征两次税,因此出口国必须退税才公平。

按《增值税暂行条例》的规定,出口商品或服务,税率为"零",而并非免税,也并不是说出口商品就没有被征增值税。为什么?因为如前所述,出口企业在采购时，就已经缴过增值税了——进项税。但因为出口税率为零、销项税为零，所以进项税难以抵扣。

比如，某公司购买材料花了1 170万元，其中支付材料成本是1 000万元，支付的增值税是170万元，这在增值税发票上写得清清楚楚。未来公司将该材料加工成产品并出口后，取得收入折合成人民币是1 500万元。出口税率为0，销项就为0，导致其采购时支付的170万元进项税永远不能抵扣，也相当于被征了增值税。

当然，进项税还包括采购设备、水电等所支付的增值税，都将无法抵扣。解决的办法就是“出口退税”，即税务局将无法抵扣的进项税以现金方式退还企业，其实质是把“进项税”变成“现金”，所以出口退税收到的钱，并非一笔“收入”，而是把以前缴的、可以抵的增值税变成现金给企业，是一个进项税“变现”的过程。

出口退税因为涉及从国库退现金，业务涉及税务、海关、外汇管理等多个部门，所以手续非常繁杂。加之政府最担心企业以虚开的增值税专用发票骗出口退税，所以监管非常严格。对于有出口退税业务的企业，要么拥有合格的税务会计，要么依靠专业代理机构，把握好出口、报送、收汇、申报等细节。

职场

第六篇

内控制度篇

1 Q：注意把控采购环节的人为风险、经济风险和自然风险。

A：到目前为止，无论是行政事业单位还是企业，内部控制建设正如火如荼地进行着。每个组织的经营活动多多少少都会涉及对外采购，采购是指个人或单位在一定的条件下从供应市场获取产品或服务作为自己的资源，为满足自身需要或保证生产、经营活动正常开展的一项经营活动。其中，采购风险的管控是内部控制建设中必不可少的一环。采购风险是采购过程中出现的一些不利于单位或者企业的情况，往往包含人为风险、经济风险和自然风险。采购的过程是将钱花出去的过程，所以采购好不好关系着资金的使用效率，采购风险的管控对于企业来说尤为重要。这套理论同样适用于你的淘宝购物哦。

2 Q：什么是财务风险？

A：财务风险是企业在财务管理过程中必须面对的一个现实问题，财务风险是客观存在的，企业管理者只能采取有效措施来降低风险，而不可能完全消除风险。

财务风险指公司财务结构不合理、融资不当可能导致公司丧失偿债能力、导致投资者预期回报下降的风险。

3 Q：什么是内控？

A：简单地说，“内”就是内部，“控”就是控制风险。什么是风险？

风险是指因为不确定性而使企业或个人产生损失的可能性，它包括了风险、危险及危机，其严重程度在不断加大，很多小风险都有可能长成大危机。为了有效地控制不确定性（随时可能变异），减少或避免损失的产生，我们需要进行风险管控。

企业经营过程中会签订合同，个人在购买价值比较大的物品、房产时也会签订合同，今天我们就探讨一下合同中的风险。你在这个过程中出现过哪些风险？或者你在这个过程中最关注哪些风险？详情请看后文。

4 Q：合同履行环节的这些风险，你知道吗？

A：（1）合同生效后，对合同条款未明确约定的事项没有及时签订协议补充，导致合约无法正常履行。

（2）未按照合同约定履行合同，如违反合同条款，或未按照合同规定的期限、金额和方式付款，可能导致单位经济利益遭受损失或面临诉讼的风险。

（3）对合同履行缺乏有效的监控，未能及时发现已经或可能导致单位经济利益受到损失的情况，或未能采取有效措施弥补损失，如在合同履行过程中没有持续关注合同对方的资信变化，致使单位遭受到损失；又如疏于管理，未能及时催收到期的合同款项等。

（4）未按规定的程序办理合同变更、解除等。

5 Q：关于合同纠纷的这些风险你注意到了吗？

A：（1）未建立有效的合同纠纷处理机制，纠纷处理不当，可能损害单位利益、信誉和形象。

（2）未充分收集对方违约行为的证据，导致本单位在纠纷处置过程中处于不利的地位。

（3）未按照合同规定追究对方的违约责任，导致单位经济利益遭受损失。

如果你从80楼往下看，都是美景，从2楼往下看，也许满地垃圾。人若没有高度，看到的都是问题，若没有格局，看到的都是鸡毛蒜皮！

6 Q：合同登记归档环节的这些风险你知道吗？

A：（1）合同及相关资料的登记、流转和保管不善，导致合同及相关资料丢失，影响到合同的正常履行和纠纷的有效处理。

（2）未建立合同信息安全和保密机制，致使合同订立与履行过程中涉及的国家机密、工作秘密或商业秘密泄露，导致单位或国家利益遭受损失。

7 Q：个人投资者从其投资的企业（个人独资企业、合伙企业除外）借款长期不还，有税务风险，你知道吗？

A：纳税年度内个人投资者从其投资企业（个人独资企业、合伙企业除外）借款，在该纳税年度终了后既不归还，又未用于企业生产经营的，其未归还的借款可视为企业对个人投资者的红利分配，依照“利息、股息、红利所得”项目计征个人所得税。这一规定明确了一个问题，即除个人独资企业和合伙企业外的其他企业的个人投资者，不得将企业资金长期挪作他用，否则不论是购买资产还是非经营性借款均视作分红处理。

参考文件：《财政部 国家税务总局关于规范个人投资者个人所得税征收管理的通知》（财税〔2003〕158号）。

8 Q：建设项目的这些风险点你知道吗——立项环节建设项目的主要风险点。

A：建设项目立项是整个建设项目开展的第一环节，也是防范风险的最重要阶段。该环节的主要风险点包括：

（1）建设项目管理建议书内容不合规、不完整，项目性质、用途模糊，拟建规模、标准不明确，项目投资估算和进度安排不协调。

（2）建设项目管理缺乏可行性研究、可行性研究流于形式或可行性研究的深度达不到质量标准的实际要求，可能导致无法为项目决策提供充分、可靠的依据，决策不当将使得预期效益难以实现，甚至项目失败。

（3）建设项目管理评审流于形式，可能误导项目决策；权限配置不合理、决策程序不规范可能导致决策失误，给单位带来巨大损失。

（4）建设项目管理决策失误，可能造成单位资产损失或资源浪费；项目未经适当审批或超越授权审批，可能产生重大错误或舞弊行为，从而使单位蒙受财产损失。

9 Q：当风险来临时，你做好准备了吗？

A：台风属于不可抗力事件。最近看到台风给珠海造成的损失，实在让人痛心。

知道台风要来，有经验的做法是学校停课，工厂单位能停尽量停工，马路上的隔离杆等提前放倒。我们防范风险的意识和知识够吗？新闻中可能只是拍到了一部分损失，这些灾害导致的损失有些应该是可以避免的！

同理，对于企业经营中面临的风险，我们也是可以提前做规划的：

风险应对策略一般有4种基本类型：

（1）风险规避。

风险规避是指改变项目计划来消除特定风险事件的威胁。通常情况下我们可以采用多种方法来规避风险。例如，对于项目管理风险，我们可以采用成熟的项目管理方法和策略来规避不成熟的项目管理带来的风险；对于进度风险，我们可以采用增量式的开发来规避项目或产品延迟上市的风险。

（2）风险转移。

风险转移是指将风险转移给第三方，比如通过合同的约定，设定保证策略或者供应商担保。

（3）风险减轻。

风险减轻是指将不利的风险事件的后果和可能性减轻到一个可以接受的范围。通常在项目的早期采取风险减轻策略可以收到更好的效果。

（4）风险接受。

风险接受指准备应对风险事件，包括积极地开发应急计划，或者消极地接受风险的后果。风险接受策略是在对于不可预见的风险，例如出现不可抗力，或者在风险规避、风险转移或者风险减轻策略不可行，又或者上述活动执行成本超过接受风险的情况下采用。

实际工作中有时是用风险策略组合的类型来应对风险，以便使风险降到最低。

10 Q：学点内控，让自己更值钱（1）。

A：建设项目的主要风险点你知道吗？

设计与概算环节的主要风险点：

建设项目设计与概预算是建设项目管理的龙头，是建设项目质量的基础，是施工的依据，对建设项目的质量、功能、造价有着重大影响。该环节的主要风险点包括：

（1）在初步设计阶段表现为设计单位未达到相关资质要求、初步设计未进行多方案比较选择、初步设计出现较大疏漏、设计方案不合理、设计深度不足等问题，可能导致建设项目质量存在隐患、投资规模失控以及投入使用后运营成本过高。

（2）在施工图设计阶段表现为工程造价信息不对称、概预算脱离实际、技术方案未能有效落实、设计标准引用不当、设计错误或存在缺陷、设计变更频繁等问题，可能增加建设项目管理的质量风险和投资风险。

11 Q：学点内控，让自己更值钱（2）。

A：建设项目招标环节的主要风险你知道吗？

建设项目招标直接影响着建设项目造价，对建设项目的管理目标的实现具有深远影响。该环节的主要风险点包括：

（1）招标人未做到公平、合理，如任意分解工程项目致使招标项目不完整，逃避公开招标，招标人为指定单位设置资格条件、评标规则等，都有可能导致中标价格失实，中标人实质上难以承担工程项目。

（2）招标人与投标人串通，存在暗箱操作或商业贿赂等舞弊行为；多个投标人私下合作围标，以抬高价格或确保中标；投标人资质条件不符合要求或挂靠、冒用他人名义投标等，导致工程质量难以确保。

（3）开标不公开、不透明，损害投标人利益；评标委员会成员缺乏专业水平，或者招标人向评标委员会施加影响，使评标流于形式；评标委员会与投标人串通作弊，损害招标人利益。

12 Q：学点内控，让自己更值钱（3）。

A：建设项目建设环节的主要风险点你知道吗？

工程建设阶段是工程实体的形成阶段，是人力、物力、财力消耗的主要阶段，是建设项目管理中最复杂也最关键的阶段，单位在此阶段应着力控制好工程造价和工程质量。该环节的主要风险点包括：

（1）任意压缩工期、盲目赶进度，可能导致工程质量低劣、费用增加。

（2）质量、安全监管不到位，可能带来质量隐患；现场控制不当、项目变更审核不严格、工程变更频繁可能引发费用超支、工期延误等风险。

（3）工程物资采购、收发、保管等记录不完整、材料质次价高，可能引发成本风险。

（4）监管人员不具备职业道德、素质低下，可能导致工程监理不到位。

（5）建设项目价款结算管理不严格，价款结算不及时，项目资金不落实、使用管理混乱等因素，都可能引发工程质量低劣、监督延迟或中断的风险。

13 Q：由影视圈永不消逝的“洗钱”行为，谈谈反洗钱。

A：“洗钱”（Money Laundering）是指将毒品犯罪、黑社会性质的组织犯罪、恐怖活动犯罪、走私犯罪或者其他犯罪的违法所得及其产生的收益，通过各种手段掩饰、隐瞒其来源和性质，使其在形式上合法化的行为。

洗钱的手法和步骤千变万化、名目繁多。但一般来说，首先必须以某种名义把钱（大多数情况下是现金）储存起来，然后透过一连串的交易或是转账，使其名义合法化，因为各国政府多半针对洗钱行为有所管制，金融机关会将一定金额（通常由法律规定）以上的交易呈报主管机关。为了逃避监视，其中一种洗钱手段是将大笔的金钱蚂蚁搬家式地化整为零存入数个以他人名义开设的账户，这些账户彼此互不相关，之后再通过汇款、开立支票等方式转入犯罪者的名下，由于每笔交易的金额不大，而且往往还存在跨国交易，甚至利用某些国家或地区可以开设保密账户或公司之便，使查缉困难；另一种手段是利用假名设立数个公司，将犯罪所得通过这些公司虚假交易，例如将不值钱的东西以高价贩售给另一家公司，最后转入犯罪者的名下，表面上看起来正当合法，实际上只是为了转移金钱所做的假交易。也有人直接将金钱购买美术品、古董、不记名债券等高价商品，转移到犯罪者手上后再伺机脱手换取金钱。

反洗钱，是指为了预防通过各种方式掩饰、隐瞒毒品犯罪、黑社会性质的组织犯罪、恐怖活动犯罪、走私犯罪、贪污贿赂犯罪、破坏金融管理秩序犯罪、金融诈骗犯罪等犯罪所得及其收益的来源和性质的洗钱活动。

在中华人民共和国境内设立的金融机构和按照规定应当履行反洗钱义务的特定非金融机构，应当依法采取预防、监控措施，建立健全客户身份识别制度、客户身份资料和交易记录保存制度、大额交易和可疑交易报告制度，履行反洗钱义务。

洗钱罪量刑标准：

明知是毒品犯罪、黑社会性质的组织犯罪、恐怖活动犯罪、走私犯罪、贪污贿赂犯罪、破坏金融管理秩序犯罪、金融诈骗犯罪的所得及其产生的收益，为掩饰、隐瞒其来源和性质，有下列行为之一的，没收实施以上犯罪的所得及其产生的收益，处五年以下有期徒刑或者拘役，并处或者单处洗钱数额百分之五以上百分之二十以下罚金；情节严重的，处五年以上十年以下有期徒刑，并处洗钱数额百分之五以上百分之二十以下罚金：

（1）提供资金账户的；

（2）协助将财产转换为现金或者金融票据的；

（3）通过转账或者其他结算方式协助资金转移的；

（4）协助将资金汇往境外的；

（5）以其他方法掩饰、隐瞒犯罪的违法所得及其收益的性质和来源的。

单位犯前款罪的，对单位判处罚金，并对其直接负责的主管人员和其他直接责任人员，处五年以下有期徒刑或者拘役；情节严重的，处五年以上有期徒刑。

大家要警惕，别一不小心，成了洗钱人的“助力”。

14 Q：社会组织应建立健全内部财务管理制度。

A：社会组织应建立健全内部财务管理制度，明确财务收支内部审核、审批、核算以及资产管理和会计档案归档等部门与岗位的职责权限，规定各项业务办理流程。财务管理制度内容应当包括：

（1）财务机构设置与会计人员岗位职责；

（2）会计核算；

（3）预算管理；

（4）资金管理；

（5）实物资产管理；

（6）收支审批；

（7）财务印章与票据管理；

（8）会计档案管理等。

15 Q：社会组织等级评估需要提供哪些财务制度？

A：社会组织主要包括民间非营利组织、社会团体和基金会。

以民间非营利组织为例，包含但不限于以下财务方面的制度：

（1）货币资金管理制度；

（2）会计核算办法；

（3）编制财务会计报告的规定；

（4）收支审批办法；

（5）开展业务活动收支标准和其他费用收支标准；

（6）固定资产管理制度；

（7）投资管理制度；

（8）预算管理制度；

（9）会计档案管理制度；

（10）财务审批权限制度规定；

（11）票据管理制度；

（12）印章管理制度；

（13）薪酬管理制度；

（14）现金管理制度；

（15）薪酬管理制度；

（16）出纳岗位职责；

（17）会计岗位职责。

职场

第七篇

常用法规篇

1 中华人民共和国会计法

（1985年1月21日第六届全国人民代表大会常务委员会第九次会议通过，根据1993年12月29日第八届全国人民代表大会常务委员会第五次会议《关于修改〈中华人民共和国会计法〉的决定》第一次修正，1999年10月31日第九届全国人民代表大会常务委员会第十二次会议修订，根据2017年11月4日第十二届全国人民代表大会常务委员会第三十次会议《关于修改〈中华人民共和国会计法〉等十一部法律的决定》第二次修正）

第一章　总则

第一条　为了规范会计行为，保证会计资料真实、完整，加强经济管理和财务管理，提高经济效益，维护社会主义市场经济秩序，制定本法。

第二条　国家机关、社会团体、公司、企业、事业单位和其他组织（以下统称单位）必须依照本法办理会计事务。

第三条　各单位必须依法设置会计账簿，并保证其真实、完整。

第四条　单位负责人对本单位的会计工作和会计资料的真实性、完整性负责。

第五条　会计机构、会计人员依照本法规定进行会计核算，实行会计监督。

任何单位或者个人不得以任何方式授意、指使、强令会计机构、会计人员伪造、变造会计凭证、会计账簿和其他会计资料，提供虚假财务会计报告。

任何单位或者个人不得对依法履行职责、抵制违反本法规定行为的会计人员实行打击报复。

第六条 对认真执行本法，忠于职守，坚持原则，做出显著成绩的会计人员，给予精神的或者物质的奖励。

第七条 国务院财政部门主管全国的会计工作。

县级以上地方各级人民政府财政部门管理本行政区域内的会计工作。

第八条 国家实行统一的会计制度。国家统一的会计制度由国务院财政部门根据本法制定并公布。

国务院有关部门可以依照本法和国家统一的会计制度制定对会计核算和会计监督有特殊要求的行业实施国家统一的会计制度的具体办法或者补充规定，报国务院财政部门审核批准。

中国人民解放军总后勤部可以依照本法和国家统一的会计制度制定军队实施国家统一的会计制度的具体办法，报国务院财政部门备案。

第二章 会计核算

第九条 各单位必须根据实际发生的经济业务事项进行会计核算，填制会计凭证，登记会计账簿，编制财务会计报告。

任何单位不得以虚假的经济业务事项或者资料进行会计核算。

第十条 下列经济业务事项，应当办理会计手续，进行会计核算：

（一）款项和有价证券的收付；

（二）财物的收发、增减和使用；

（三）债权债务的发生和结算；

（四）资本、基金的增减；

（五）收入、支出、费用、成本的计算；

（六）财务成果的计算和处理；

（七）需要办理会计手续、进行会计核算的其他事项。

第十一条 会计年度自公历1月1日起至12月31日止。

第十二条 会计核算以人民币为记账本位币。

业务收支以人民币以外的货币为主的单位，可以选定其中一种货币作为记账本位币，但是编报的财务会计报告应当折算为人民币。

第十三条 会计凭证、会计账簿、财务会计报告和其他会计资料，必须符合国家统一的会计制度的规定。

使用电子计算机进行会计核算的，其软件及其生成的会计凭证、会计账簿、财务会计报告和其他会计资料，也必须符合国家统一的会计制度的规定。

任何单位和个人不得伪造、变造会计凭证、会计账簿及其他会计资料，不得提供虚假的财务会计报告。

第十四条 会计凭证包括原始凭证和记账凭证。

办理本法第十条所列的经济业务事项，必须填制或者取得原始凭证并及时送交会计机构。

会计机构、会计人员必须按照国家统一的会计制度的规定对原始凭证进行审核，对不真实、不合法的原始凭证有权不予接受，并向单位负责人报告；对记载不准确、不完整的原始凭证予以退回，并要求按照国家统一的会计制度的规定更正、补充。

原始凭证记载的各项内容均不得涂改；原始凭证有错误的，应当由出具单位重开或者更正，更正处应当加盖出具单位印章。原始凭证金额有错误的，应当由出具单位重开，不得在原始凭证上更正。

记账凭证应当根据经过审核的原始凭证及有关资料编制。

第十五条 会计账簿登记，必须以经过审核的会计凭证为依据，并符合有关法律、行政法规和国家统一的会计制度的规定。会计账簿包括总账、明细账、日记账和其他辅助性账簿。

会计账簿应当按照连续编号的页码顺序登记。会计账簿记录发生错误或者隔页、缺号、跳行的，应当按照国家统一的会计制度规定的方法更正，并由会计人员和会计机构负责人（会计主管人员）在更正处盖章。

使用电子计算机进行会计核算的，其会计账簿的登记、更正，应当符合国家统一的会计制度的规定。

第十六条 各单位发生的各项经济业务事项应当在依法设置的会计账簿上统一登记、核算，不得违反本法和国家统一的会计制度的规定私设会计账簿登记、核算。

第十七条 各单位应当定期将会计账簿记录与实物、款项及有关资料相互核对，保证会计账簿记录与实物及款项的实有数额相符、会计账簿记录与会计凭证的有关内容相符、会计账簿之间相对应的记录相符、会计账簿记录与会计报表的有关内容相符。

第十八条 各单位采用的会计处理方法，前后各期应当一致，不得随意变更；确有必要变更的，应当按照国家统一的会计制度的规定变更，并将变更的原因、情况及影响在财务会计报告中说明。

第十九条 单位提供的担保、未决诉讼等或有事项，应当按照国家统一的会计制度的规定，在财务会计报告中予以说明。

第二十条 财务会计报告应当根据经过审核的会计账簿记录和有关资料编制，并符合本法和国家统一的会计制度关于财务会计报告的编制要求、提供对象和提供期限的规定；其他法律、行政法规另有规定的，从其规定。

财务会计报告由会计报表、会计报表附注和财务情况说明书组成。向不同的会计资料使用者提供的财务会计报告，其编制依据应当一致。有关法律、行政法规规定会计报表、会计报表附注和财务情况说明书须经注册会计师审计的，注册会计师及其所在的会计师事务所出具的审计报告应当随同财务会计报告一并提供。

第二十一条 财务会计报告应当由单位负责人和主管会计工作的负责人、会计机构负责人（会计主管人员）签名并盖章；设置总会计师的单位，还须由总会计师签名并盖章。

单位负责人应当保证财务会计报告真实、完整。

第二十二条 会计记录的文字应当使用中文。在民族自治地方，会计记录可以同时使用当地通用的一种民族文字。在中华人民共和国境内的外商投资企业、外国企业和其他外国组织的会计记录可以同时使用一种外国文字。

第二十三条 各单位对会计凭证、会计账簿、财务会计报告和其他会计资料应当建立档案，妥善保管。会计档案的保管期限和销毁办法，由国务院财政部门会同有关部门制定。

第三章 公司、企业会计核算的特别规定

第二十四条 公司、企业进行会计核算，除应当遵守本法第二章的规定外，还应当遵守本章规定。

第二十五条 公司、企业必须根据实际发生的经济业务事项，按照国家统一的会计制度的规定确认、计量和记录资产、负债、所有者权益、收入、费用、成本和利润。

第二十六条 公司、企业进行会计核算不得有下列行为：

（一）随意改变资产、负债、所有者权益的确认标准或者计量方法，虚列、多列、不列或者少列资产、负债、所有者权益；

（二）虚列或者隐瞒收入，推迟或者提前确认收入；

（三）随意改变费用、成本的确认标准或者计量方法，虚列、多

列、不列或者少列费用、成本；

（四）随意调整利润的计算、分配方法，编造虚假利润或者隐瞒利润；

（五）违反国家统一的会计制度规定的其他行为。

第四章　会计监督

第二十七条　各单位应当建立、健全本单位内部会计监督制度。单位内部会计监督制度应当符合下列要求：

（一）记账人员与经济业务事项和会计事项的审批人员、经办人员、财物保管人员的职责权限应当明确，并相互分离、相互制约；

（二）重大对外投资、资产处置、资金调度和其他重要经济业务事项的决策和执行的相互监督、相互制约程序应当明确；

（三）财产清查的范围、期限和组织程序应当明确；

（四）对会计资料定期进行内部审计的办法和程序应当明确。

第二十八条　单位负责人应当保证会计机构、会计人员依法履行职责，不得授意、指使、强令会计机构、会计人员违法办理会计事项。

会计机构、会计人员对违反本法和国家统一的会计制度规定的会计事项，有权拒绝办理或者按照职权予以纠正。

第二十九条　会计机构、会计人员发现会计账簿记录与实物、款项及有关资料不相符的，按照国家统一的会计制度的规定有权自行处理的，应当及时处理；无权处理的，应当立即向单位负责人报告，请求查明原因，作出处理。

第三十条　任何单位和个人对违反本法和国家统一的会计制度规定的行为，有权检举。收到检举的部门有权处理的，应当依法按照职责分工及时处理；无权处理的，应当及时移送有权处理的部门处理。收到检举的部门、负责处理的部门应当为检举人保密，不得将检举人姓名和检举材料转给被检举单位和被检举人个人。

第三十一条 有关法律、行政法规规定，须经注册会计师进行审计的单位，应当向受委托的会计师事务所如实提供会计凭证、会计账簿、财务会计报告和其他会计资料以及有关情况。

任何单位或者个人不得以任何方式要求或者示意注册会计师及其所在的会计师事务所出具不实或者不当的审计报告。

财政部门有权对会计师事务所出具审计报告的程序和内容进行监督。

第三十二条 财政部门对各单位的下列情况实施监督：

（一）是否依法设置会计账簿；

（二）会计凭证、会计账簿、财务会计报告和其他会计资料是否真实、完整；

（三）会计核算是否符合本法和国家统一的会计制度的规定；

（四）从事会计工作的人员是否具备专业能力、遵守职业道德。

在对前款第（二）项所列事项实施监督，发现重大违法嫌疑时，国务院财政部门及其派出机构可以向与被监督单位有经济业务往来的单位和被监督单位开立账户的金融机构查询有关情况，有关单位和金融机构应当给予支持。

第三十三条 财政、审计、税务、人民银行、证券监管、保险监管等部门应当依照有关法律、行政法规规定的职责，对有关单位的会计资料实施监督检查。

前款所列监督检查部门对有关单位的会计资料依法实施监督检查后，应当出具检查结论。有关监督检查部门已经作出的检查结论能够满足其他监督检查部门履行本部门职责需要的，其他监督检查部门应当加以利用，避免重复查账。

第三十四条 依法对有关单位的会计资料实施监督检查的部门及其工作人员对在监督检查中知悉的国家秘密和商业秘密负有保密义务。

第三十五条 各单位必须依照有关法律、行政法规的规定，接受有关监督检查部门依法实施的监督检查，如实提供会计凭证、会计账簿、财务会计报告和其他会计资料以及有关情况，不得拒绝、隐匿、谎报。

第五章 会计机构和会计人员

第三十六条 各单位应当根据会计业务的需要，设置会计机构，或者在有关机构中设置会计人员并指定会计主管人员；不具备设置条件的，应当委托经批准设立从事会计代理记账业务的中介机构代理记账。

国有的和国有资产占控股地位或者主导地位的大、中型企业必须设置总会计师。总会计师的任职资格、任免程序、职责权限由国务院规定。

第三十七条 会计机构内部应当建立稽核制度。

出纳人员不得兼任稽核、会计档案保管和收入、支出、费用、债权债务账目的登记工作。

第三十八条 会计人员应当具备从事会计工作所需要的专业能力。

担任单位会计机构负责人（会计主管人员）的，应当具备会计师以上专业技术职务资格或者从事会计工作三年以上经历。

本法所称会计人员的范围由国务院财政部门规定。

第三十九条 会计人员应当遵守职业道德，提高业务素质。对会计人员的教育和培训工作应当加强。

第四十条 因有提供虚假财务会计报告，做假账，隐匿或者故意销毁会计凭证、会计账簿、财务会计报告，贪污，挪用公款，职务侵占等与会计职务有关的违法行为被依法追究刑事责任的人员，不得再从事会计工作。

第四十一条 会计人员调动工作或者离职，必须与接管人员办清交接手续。

一般会计人员办理交接手续，由会计机构负责人（会计主管人员）监交；会计机构负责人（会计主管人员）办理交接手续，由单位负责人监交，必要时主管单位可以派人会同监交。

第六章 法律责任

第四十二条 违反本法规定，有下列行为之一的，由县级以上人民政府财政部门责令限期改正，可以对单位并处三千元以上五万元以下的罚款；对其直接负责的主管人员和其他直接责任人员，可以处二千元以上二万元以下的罚款；属于国家工作人员的，还应当由其所在单位或者有关单位依法给予行政处分：

（一）不依法设置会计账簿的；

（二）私设会计账簿的；

（三）未按照规定填制、取得原始凭证或者填制、取得的原始凭证不符合规定的；

（四）以未经审核的会计凭证为依据登记会计账簿或者登记会计账簿不符合规定的；

（五）随意变更会计处理方法的；

（六）向不同的会计资料使用者提供的财务会计报告编制依据不一致的；

（七）未按照规定使用会计记录文字或者记账本位币的；

（八）未按照规定保管会计资料，致使会计资料毁损、灭失的；

（九）未按照规定建立并实施单位内部会计监督制度或者拒绝依法实施的监督或者不如实提供有关会计资料及有关情况的；

（十）任用会计人员不符合本法规定的。

有前款所列行为之一，构成犯罪的，依法追究刑事责任。

会计人员有第一款所列行为之一，情节严重的，五年内不得从事会计工作。

有关法律对第一款所列行为的处罚另有规定的，依照有关法律的规定办理。

第四十三条 伪造、变造会计凭证、会计账簿，编制虚假财务会计报告，构成犯罪的，依法追究刑事责任。

有前款行为，尚不构成犯罪的，由县级以上人民政府财政部门予以通报，可以对单位并处五千元以上十万元以下的罚款；对其直接负责的主管人员和其他直接责任人员，可以处三千元以上五万元以下的罚款；属于国家工作人员的，还应当由其所在单位或者有关单位依法给予撤职直至开除的行政处分；其中的会计人员，五年内不得从事会计工作。

第四十四条 隐匿或者故意销毁依法应当保存的会计凭证、会计账簿、财务会计报告，构成犯罪的，依法追究刑事责任。

有前款行为，尚不构成犯罪的，由县级以上人民政府财政部门予以通报，可以对单位并处五千元以上十万元以下的罚款；对其直接负责的主管人员和其他直接责任人员，可以处三千元以上五万元以下的罚款；属于国家工作人员的，还应当由其所在单位或者有关单位依法给予撤职直至开除的行政处分；其中的会计人员，五年内不得从事会计工作。

第四十五条 授意、指使、强令会计机构、会计人员及其他人员伪造、变造会计凭证、会计账簿，编制虚假财务会计报告或者隐匿、故意销毁依法应当保存的会计凭证、会计账簿、财务会计报告，构成犯罪的，依法追究刑事责任；尚不构成犯罪的，可以处五千元以上五万元以下的罚款；属于国家工作人员的，还应当由其所在单位或者有关单位依法给予降级、撤职、开除的行政处分。

第四十六条 单位负责人对依法履行职责、抵制违反本法规定行为的会计人员以降级、撤职、调离工作岗位、解聘或者开除等方式实行打击报复，构成犯罪的，依法追究刑事责任；尚不构成犯罪的，由其所在单位或者有关单位依法给予行政处分。对受打击报复的会计人员，应当恢复其名誉和原有职务、级别。

第四十七条 财政部门及有关行政部门的工作人员在实施监督管理中滥用职权、玩忽职守、徇私舞弊或者泄露国家秘密、商业秘密，构成犯罪的，依法追究刑事责任；尚不构成犯罪的，依法给予行政处分。

第四十八条 违反本法第三十条规定，将检举人姓名和检举材料转给被检举单位和被检举人个人的，由所在单位或者有关单位依法给予行政处分。

第四十九条 违反本法规定，同时违反其他法律规定的，由有关部门在各自职权范围内依法进行处罚。

第七章 附则

第五十条 本法下列用语的含义：

单位负责人，是指单位法定代表人或者法律、行政法规规定代表单位行使职权的主要负责人。

国家统一的会计制度，是指国务院财政部门根据本法制定的关于会计核算、会计监督、会计机构和会计人员以及会计工作管理的制度。

第五十一条 个体工商户会计管理的具体办法，由国务院财政部门根据本法的原则另行规定。

第五十二条 本法自2000年7月1日起施行。

2 中华人民共和国注册会计师法

（1993年10月31日第八届全国人民代表大会常务委员会第四次会议通过，根据2014年8月31日第十二届全国人民代表大会常务委员会第十次会议《关于修改〈中华人民共和国保险法〉等五部法律的决定》修正）。

第一章 总则

第一条 为了发挥注册会计师在社会经济活动中的鉴证和服务作用，加强对注册会计师的管理，维护社会公共利益和投资者的合法权益，促进社会主义市场经济的健康发展，制定本法。

第二条 注册会计师是依法取得注册会计师证书并接受委托从事审计和会计咨询、会计服务业务的执业人员。

第三条 会计师事务所是依法设立并承办注册会计师业务的机构。

注册会计师执行业务，应当加入会计师事务所。

第四条 注册会计师协会是由注册会计师组成的社会团体。中国注册会计师协会是注册会计师的全国组织，省、自治区、直辖市注册会计师协会是注册会计师的地方组织。

第五条 国务院财政部门和省、自治区、直辖市人民政府财政部门，依法对注册会计师、会计师事务所和注册会计师协会进行监督、指导。

第六条 注册会计师和会计师事务所执行业务，必须遵守法律、行政法规。

注册会计师和会计师事务所依法独立、公正执行业务，受法律保护。

第二章 考试和注册

第七条 国家实行注册会计师全国统一考试制度。注册会计师全国统一考试办法，由国务院财政部门制定，由中国注册会计师协会组织实施。

第八条 具有高等专科以上学校毕业的学历，或者具有会计或者相关专业中级以上技术职称的中国公民，可以申请参加注册会计师全国统一考试；具有会计或者相关专业××技术职称的人员，可以免予部分科目的考试。

第九条 参加注册会计师全国统一考试成绩合格，并从事审计业务工作二年以上的，可以向省、自治区、直辖市注册会计师协会申请注册。

除有本法第十条所列情形外，受理申请的注册会计师协会应当准予注册。

第十条 有下列情形之一的，受理申请的注册会计师协会不予注册：

（一）不具有完全民事行为能力的；

（二）因受刑事处罚，自刑罚执行完毕之日起至申请注册之日止不满五年的；

（三）因在财务、会计、审计、企业管理或者其他经济管理工作中犯有严重错误受行政处罚、撤职以上处分，自处罚、处分决定之日起至申请注册之日止不满二年的；

（四）受吊销注册会计师证书的处罚，自处罚决定之日起至申请注册之日止不满五年的；

（五）国务院财政部门规定的其他不予注册的情形的。

第十一条 注册会计师协会应当将准予注册的人员名单报国务院财政部门备案。国务院财政部门发现注册会计师协会的注册不符合本法规定的，应当通知有关的注册会计师协会撤销注册。

注册会计师协会依照本法第十条的规定不予注册的，应当自决定之日起十五日内书面通知申请人。申请人有异议的，可以自收到通知之日起十五日内向国务院财政部门或者省、自治区、直辖市人民政府财政部门申请复议。

第十二条 准予注册的申请人，由注册会计师协会发给国务院财政部门统一制定的注册会计师证书。

第十三条 已取得注册会计师证书的人员，除本法第十一条第一款规定的情形外，注册后有下列情形之一的，由准予注册的注册会计师协会撤销注册，收回注册会计师证书：

（一）完全丧失民事行为能力的；

（二）受刑事处罚的；

（三）因在财务、会计、审计、企业管理或者其他经济管理工作中犯有严重错误受行政处罚、撤职以上处分的；

（四）自行停止执行注册会计师业务满一年的。

被撤销注册的当事人有异议的，可以自接到撤销注册、收回注册会计师证书的通知之日起十五日内向国务院财政部门或者省、自治区、直辖市人民政府财政部门申请复议。

依照第一款规定被撤销注册的人员可以重新申请注册，但必须符合本法第九条、第十条的规定。

第三章　业务范围和规则

第十四条　注册会计师承办下列审计业务：

（一）审查企业会计报表，出具审计报告；

（二）验证企业资本，出具验资报告；

（三）办理企业合并、分立、清算事宜中的审计业务，出具有关的报告；

（四）法律、行政法规规定的其他审计业务。

注册会计师依法执行审计业务出具的报告，具有证明效力。

第十五条　注册会计师可以承办会计咨询、会计服务业务。

第十六条　注册会计师承办业务，由其所在的会计师事务所统一受理并与委托人签订委托合同。

会计师事务所对本所注册会计师依照前款规定承办的业务，承担民事责任。

第十七条　注册会计师执行业务，可以根据需要查阅委托人的有关会计资料和文件，查看委托人的业务现场和设施，要求委托人提供其他必要的协助。

第十八条　注册会计师与委托人有利害关系的，应当回避；委托人有权要求其回避。

第十九条　注册会计师对在执行业务中知悉的商业秘密，负有保密义务。

第二十条　注册会计师执行审计业务，遇有下列情形之一的，应当拒绝出具有关报告：

（一）委托人示意其作不实或者不当证明的；

（二）委托人故意不提供有关会计资料和文件的；

（三）因委托人有其他不合理要求，致使注册会计师出具的报告不能对财务会计的重要事项作出正确表述的。

第二十一条 注册会计师执行审计业务，必须按照执业准则、规则确定的工作程序出具报告。

注册会计师执行审计业务出具报告时，不得有下列行为：

（一）明知委托人对重要事项的财务会计处理与国家有关规定相抵触，而不予指明；

（二）明知委托人的财务会计处理会直接损害报告使用人或者其他利害关系人的利益，而予以隐瞒或者作不实的报告；

（三）明知委托人的财务会计处理会导致报告使用人或者其他利害关系人产生重大误解，而不予指明；

（四）明知委托人的会计报表的重要事项有其他不实的内容，而不予指明。

对委托人有前款所列行为，注册会计师按照执业准则、规则应当知道的，适用前款规定。

第二十二条 注册会计师不得有下列行为：

（一）在执行审计业务期间，在法律、行政法规规定不得买卖被审计单位的股票、债券或者不得购买被审计单位或者个人的其他财产的期限内，买卖被审计单位的股票、债券或者购买被审计单位或者个人所拥有的其他财产；

（二）索取、收受委托合同约定以外的酬金或者其他财物，或者利用执行业务之便，谋取其他不正当的利益；

（三）接受委托催收债款；

（四）允许他人以本人名义执行业务；

（五）同时在两个或者两个以上的会计师事务所执行业务；

（六）对其能力进行广告宣传以招揽业务；

（七）违反法律、行政法规的其他行为。

第四章　会计师事务所

第二十三条　会计师事务所可以由注册会计师合伙设立。

合伙设立的会计师事务所的债务，由合伙人按照出资比例或者协议的约定，以各自的财产承担责任。合伙人对会计师事务所的债务承担连带责任。

第二十四条　会计师事务所符合下列条件的，可以是负有限责任的法人：

（一）不少于三十万元的注册资本；

（二）有一定数量的专职从业人员，其中至少有五名注册会计师；

（三）国务院财政部门规定的业务范围和其他条件。

负有限责任的会计师事务所以其全部资产对其债务承担责任。

第二十五条　设立会计师事务所，由省、自治区、直辖市人民政府财政部门批准。

申请设立会计师事务所，申请者应当向审批机关报送下列文件：

（一）申请书；

（二）会计师事务所的名称、组织机构和业务场所；

（三）会计师事务所章程，有合伙协议的并应报送合伙协议；

（四）注册会计师名单、简历及有关证明文件；

（五）会计师事务所主要负责人、合伙人的姓名、简历及有关证明文件；

（六）负有限责任的会计师事务所的出资证明；

（七）审批机关要求的其他文件。

第二十六条　审批机关应当自收到申请文件之日起三十日内决定批准或者不批准。

省、自治区、直辖市人民政府财政部门批准的会计师事务所，应当报国务院财政部门备案。国务院财政部门发现批准不当的，应当自收到备案报告之日起三十日内通知原审批机关重新审查。

第二十七条 会计师事务所设立分支机构，须经分支机构所在地的省、自治区、直辖市人民政府财政部门批准。

第二十八条 会计师事务所依法纳税。

会计师事务所按照国务院财政部门的规定建立职业风险基金，办理职业保险。

第二十九条 会计师事务所受理业务，不受行政区域、行业的限制；但是，法律、行政法规另有规定的除外。

第三十条 委托人委托会计师事务所办理业务，任何单位和个人不得干预。

第三十一条 本法第十八条至第二十一条的规定，适用于会计师事务所。

第三十二条 会计师事务所不得有本法第二十二条第（一）项至第（四）项、第（六）项、第（七）项所列的行为。

第五章 注册会计师协会

第三十三条 注册会计师应当加入注册会计师协会。

第三十四条 中国注册会计师协会的章程由全国会员代表大会制定，并报国务院财政部门备案；省、自治区、直辖市注册会计师协会的章程由省、自治区、直辖市会员代表大会制定，并报省、自治区、直辖市人民政府财政部门备案。

第三十五条 中国注册会计师协会依法拟订注册会计师执业准则、规则，报国务院财政部门批准后施行。

第三十六条 注册会计师协会应当支持注册会计师依法执行业务，维护其合法权益，向有关方面反映其意见和建议。

第三十七条 注册会计师协会应当对注册会计师的任职资格和执业情况进行年度检查。

第三十八条 注册会计师协会依法取得社会团体法人资格。

第六章 法律责任

第三十九条 会计师事务所违反本法第二十条、第二十一条规定的，由省级以上人民政府财政部门给予警告，没收违法所得，可以并处违法所得一倍以上五倍以下的罚款；情节严重的，并可以由省级以上人民政府财政部门暂停其经营业务或者予以撤销。

注册会计师违反本法第二十条、第二十一条规定的，由省级以上人民政府财政部门给予警告；情节严重的，可以由省级以上人民政府财政部门暂停其执行业务或者吊销注册会计师证书。

会计师事务所、注册会计师违反本法第二十条、第二十一条的规定，故意出具虚假的审计报告、验资报告，构成犯罪的，依法追究刑事责任。

第四十条 对未经批准承办本法第十四条规定的注册会计师业务的单位，由省级以上人民政府财政部门责令其停止违法活动，没收违法所得，可以并处违法所得一倍以上五倍以下的罚款。

第四十一条 当事人对行政处罚决定不服的，可以在接到处罚通知之日起十五日内向作出处罚决定的机关的上一级机关申请复议；当事人也可以在接到处罚决定通知之日起十五日内直接向人民法院起诉。

复议机关应当在接到复议申请之日起六十日内作出复议决定。当事人对复议决定不服的，可以在接到复议决定之日起十五日内向人民法院起诉。复议机关逾期不作出复议决定的，当事人可以在复议期满之日起十五日内向人民法院起诉。

当事人逾期不申请复议，也不向人民法院起诉，又不履行处罚决定的，作出处罚决定的机关可以申请人民法院强制执行。

第四十二条 会计师事务所违反本法规定，给委托人、其他利害关系人造成损失的，应当依法承担赔偿责任。

第七章 附则

第四十三条 在审计事务所工作的注册审计师，经认定为具有注册会计师资格的，可以执行本法规定的业务，其资格认定和对其监督、指导、管理的办法由国务院另行规定。

第四十四条 外国人申请参加中国注册会计师全国统一考试和注册，按照互惠原则办理。

外国会计师事务所需要在中国境内临时办理有关业务的，须经有关的省、自治区、直辖市人民政府财政部门批准。

第四十五条 国务院可以根据本法制定实施条例。

第四十六条 本法自1994年1月1日起施行。1986年7月3日国务院发布的《中华人民共和国注册会计师条例》同时废止。

3 中华人民共和国审计法

（1994年8月31日第八届全国人民代表大会常务委员会第九次会议通过 根据2006年2月28日第十届全国人民代表大会常务委员会第二十次会议《关于修改〈中华人民共和国审计法〉的决定》第一次修正 根据2021年10月23日第十三届全国人民代表大会常务委员会第三十一次会议《关于修改〈中华人民共和国审计法〉的决定》第二次修正）

第一章 总则

第一条 为了加强国家的审计监督，维护国家财政经济秩序，提高财政资金使用效益，促进廉政建设，保障国民经济和社会健康发展，根据宪法，制定本法。

第二条 国家实行审计监督制度。坚持中国共产党对审计工作的领导，构建集中统一、全面覆盖、权威高效的审计监督体系。

国务院和县级以上地方人民政府设立审计机关。

国务院各部门和地方各级人民政府及其各部门的财政收支，国有的金融机构和企业事业组织的财务收支，以及其他依照本法规定应当接受审计的财政收支、财务收支，依照本法规定接受审计监督。

审计机关对前款所列财政收支或者财务收支的真实、合法和效益，依法进行审计监督。

第三条 审计机关依照法律规定的职权和程序，进行审计监督。

审计机关依据有关财政收支、财务收支的法律、法规和国家其他有关规定进行审计评价，在法定职权范围内作出审计决定。

第四条 国务院和县级以上地方人民政府应当每年向本级人民代表大会常务委员会提出审计工作报告。审计工作报告应当报告审计机关对预算执行、决算草案以及其他财政收支的审计情况，重点报告对预算执行及其绩效的审计情况，按照有关法律、行政法规的规定报告对国有资源、国有资产的审计情况。必要时，人民代表大会常务委员会可以对审计工作报告作出决议。

国务院和县级以上地方人民政府应当将审计工作报告中指出的问题的整改情况和处理结果向本级人民代表大会常务委员会报告。

第五条 审计机关依照法律规定独立行使审计监督权，不受其他行政机关、社会团体和个人的干涉。

第六条 审计机关和审计人员办理审计事项，应当客观公正，实事求是，廉洁奉公，保守秘密。

第二章　审计机关和审计人员

第七条　国务院设立审计署，在国务院总理领导下，主管全国的审计工作。审计长是审计署的行政首长。

第八条　省、自治区、直辖市、设区的市、自治州、县、自治县、不设区的市、市辖区的人民政府的审计机关，分别在省长、自治区主席、市长、州长、县长、区长和上一级审计机关的领导下，负责本行政区域内的审计工作。

第九条　地方各级审计机关对本级人民政府和上一级审计机关负责并报告工作，审计业务以上级审计机关领导为主。

第十条　审计机关根据工作需要，经本级人民政府批准，可以在其审计管辖范围内设立派出机构。

派出机构根据审计机关的授权，依法进行审计工作。

第十一条　审计机关履行职责所必需的经费，应当列入预算予以保证。

第十二条　审计机关应当建设信念坚定、为民服务、业务精通、作风务实、敢于担当、清正廉洁的高素质专业化审计队伍。

审计机关应当加强对审计人员遵守法律和执行职务情况的监督，督促审计人员依法履职尽责。

审计机关和审计人员应当依法接受监督。

第十三条　审计人员应当具备与其从事的审计工作相适应的专业知识和业务能力。

审计机关根据工作需要，可以聘请具有与审计事项相关专业知识的人员参加审计工作。

第十四条　审计机关和审计人员不得参加可能影响其依法独立履行审计监督职责的活动，不得干预、插手被审计单位及其相关单位的正常生产经营和管理活动。

第十五条 审计人员办理审计事项，与被审计单位或者审计事项有利害关系的，应当回避。

第十六条 审计机关和审计人员对在执行职务中知悉的国家秘密、工作秘密、商业秘密、个人隐私和个人信息，应当予以保密，不得泄露或者向他人非法提供。

第十七条 审计人员依法执行职务，受法律保护。

任何组织和个人不得拒绝、阻碍审计人员依法执行职务，不得打击报复审计人员。

审计机关负责人依照法定程序任免。审计机关负责人没有违法失职或者其他不符合任职条件的情况的，不得随意撤换。

地方各级审计机关负责人的任免，应当事先征求上一级审计机关的意见。

第三章 审计机关职责

第十八条 审计机关对本级各部门（含直属单位）和下级政府预算的执行情况和决算以及其他财政收支情况，进行审计监督。

第十九条 审计署在国务院总理领导下，对中央预算执行情况、决算草案以及其他财政收支情况进行审计监督，向国务院总理提出审计结果报告。

地方各级审计机关分别在省长、自治区主席、市长、州长、县长、区长和上一级审计机关的领导下，对本级预算执行情况、决算草案以及其他财政收支情况进行审计监督，向本级人民政府和上一级审计机关提出审计结果报告。

第二十条 审计署对中央银行的财务收支，进行审计监督。

第二十一条 审计机关对国家的事业组织和使用财政资金的其

他事业组织的财务收支，进行审计监督。

第二十二条 审计机关对国有企业、国有金融机构和国有资本占控股地位或者主导地位的企业、金融机构的资产、负债、损益以及其他财务收支情况，进行审计监督。

遇有涉及国家财政金融重大利益情形，为维护国家经济安全，经国务院批准，审计署可以对前款规定以外的金融机构进行专项审计调查或者审计。

第二十三条 审计机关对政府投资和以政府投资为主的建设项目的预算执行情况和决算，对其他关系国家利益和公共利益的重大公共工程项目的资金管理使用和建设运营情况，进行审计监督。

第二十四条 审计机关对国有资源、国有资产，进行审计监督。

审计机关对政府部门管理的和其他单位受政府委托管理的社会保险基金、全国社会保障基金、社会捐赠资金以及其他公共资金的财务收支，进行审计监督。

第二十五条 审计机关对国际组织和外国政府援助、贷款项目的财务收支，进行审计监督。

第二十六条 根据经批准的审计项目计划安排，审计机关可以对被审计单位贯彻落实国家重大经济社会政策措施情况进行审计监督。

第二十七条 除本法规定的审计事项外，审计机关对其他法律、行政法规规定应当由审计机关进行审计的事项，依照本法和有关法律、行政法规的规定进行审计监督。

第二十八条 审计机关可以对被审计单位依法应当接受审计的事项进行全面审计，也可以对其中的特定事项进行专项审计。

第二十九条 审计机关有权对与国家财政收支有关的特定事项，向有关地方、部门、单位进行专项审计调查，并向本级人民政府和上一级审计机关报告审计调查结果。

第三十条 审计机关履行审计监督职责，发现经济社会运行中存在风险隐患的，应当及时向本级人民政府报告或者向有关主管机关、单位通报。

第三十一条 审计机关根据被审计单位的财政、财务隶属关系或者国有资源、国有资产监督管理关系，确定审计管辖范围。

审计机关之间对审计管辖范围有争议的，由其共同的上级审计机关确定。

上级审计机关对其审计管辖范围内的审计事项，可以授权下级审计机关进行审计，但本法第十八条至第二十条规定的审计事项不得进行授权；上级审计机关对下级审计机关审计管辖范围内的重大审计事项，可以直接进行审计，但是应当防止不必要的重复审计。

第三十二条 被审计单位应当加强对内部审计工作的领导，按照国家有关规定建立健全内部审计制度。

审计机关应当对被审计单位的内部审计工作进行业务指导和监督。

第三十三条 社会审计机构审计的单位依法属于被审计单位的，审计机关按照国务院的规定，有权对该社会审计机构出具的相关审计报告进行核查。

第四章 审计机关权限

第三十四条 审计机关有权要求被审计单位按照审计机关的规定提供财务、会计资料以及与财政收支、财务收支有关的业务、管理等资料，包括电子数据和有关文档。被审计单位不得拒绝、拖延、谎报。

被审计单位负责人应当对本单位提供资料的及时性、真实性和完整性负责。

审计机关对取得的电子数据等资料进行综合分析，需要向被审计单位核实有关情况的，被审计单位应当予以配合。

第三十五条 国家政务信息系统和数据共享平台应当按照规定向审计机关开放。

审计机关通过政务信息系统和数据共享平台取得的电子数据等资料能够满足需要的，不得要求被审计单位重复提供。

第三十六条 审计机关进行审计时，有权检查被审计单位的财务、会计资料以及与财政收支、财务收支有关的业务、管理等资料和资产，有权检查被审计单位信息系统的安全性、可靠性、经济性，被审计单位不得拒绝。

第三十七条 审计机关进行审计时，有权就审计事项的有关问题向有关单位和个人进行调查，并取得有关证明材料。有关单位和个人应当支持、协助审计机关工作，如实向审计机关反映情况，提供有关证明材料。

审计机关经县级以上人民政府审计机关负责人批准，有权查询被审计单位在金融机构的账户。

审计机关有证据证明被审计单位违反国家规定将公款转入其他单位、个人在金融机构账户的，经县级以上人民政府审计机关主要负责人批准，有权查询有关单位、个人在金融机构与审计事项相关的存款。

第三十八条 审计机关进行审计时，被审计单位不得转移、隐匿、篡改、毁弃财务、会计资料以及与财政收支、财务收支有关的业务、管理等资料，不得转移、隐匿、故意毁损所持有的违反国家规定取得的资产。

审计机关对被审计单位违反前款规定的行为，有权予以制止；

必要时，经县级以上人民政府审计机关负责人批准，有权封存有关资料和违反国家规定取得的资产；对其中在金融机构的有关存款需要予以冻结的，应当向人民法院提出申请。

审计机关对被审计单位正在进行的违反国家规定的财政收支、财务收支行为，有权予以制止；制止无效的，经县级以上人民政府审计机关负责人批准，通知财政部门和有关主管机关、单位暂停拨付与违反国家规定的财政收支、财务收支行为直接有关的款项，已经拨付的，暂停使用。

审计机关采取前两款规定的措施不得影响被审计单位合法的业务活动和生产经营活动。

第三十九条 审计机关认为被审计单位所执行的上级主管机关、单位有关财政收支、财务收支的规定与法律、行政法规相抵触的，应当建议有关主管机关、单位纠正；有关主管机关、单位不予纠正的，审计机关应当提请有权处理的机关、单位依法处理。

第四十条 审计机关可以向政府有关部门通报或者向社会公布审计结果。

审计机关通报或者公布审计结果，应当保守国家秘密、工作秘密、商业秘密、个人隐私和个人信息，遵守法律、行政法规和国务院的有关规定。

第四十一条 审计机关履行审计监督职责，可以提请公安、财政、自然资源、生态环境、海关、税务、市场监督管理等机关予以协助。有关机关应当依法予以配合。

第五章 审计程序

第四十二条 审计机关根据经批准的审计项目计划确定的审计事项组成审计组，并应当在实施审计三日前，向被审计单位送达审计通知书；遇有特殊情况，经县级以上人民政府审计机关负责人批准，可以直接持审计通知书实施审计。

被审计单位应当配合审计机关的工作，并提供必要的工作条件。

审计机关应当提高审计工作效率。

第四十三条 审计人员通过审查财务、会计资料，查阅与审计事项有关的文件、资料，检查现金、实物、有价证券和信息系统，向有关单位和个人调查等方式进行审计，并取得证明材料。

向有关单位和个人进行调查时，审计人员应当不少于二人，并出示其工作证件和审计通知书副本。

第四十四条 审计组对审计事项实施审计后，应当向审计机关提出审计组的审计报告。审计组的审计报告报送审计机关前，应当征求被审计单位的意见。被审计单位应当自接到审计组的审计报告之日起十日内，将其书面意见送交审计组。审计组应当将被审计单位的书面意见一并报送审计机关。

第四十五条 审计机关按照审计署规定的程序对审计组的审计报告进行审议，并对被审计单位对审计组的审计报告提出的意见一并研究后，出具审计机关的审计报告。对违反国家规定的财政收支、财务收支行为，依法应当给予处理、处罚的，审计机关在法定职权范围内作出审计决定；需要移送有关主管机关、单位处理、处罚的，审计机关应当依法移送。

审计机关应当将审计机关的审计报告和审计决定送达被审计单位和有关主管机关、单位，并报上一级审计机关。审计决定自送达之日起生效。

第四十六条 上级审计机关认为下级审计机关作出的审计决定违反国家有关规定的，可以责成下级审计机关予以变更或者撤销，必要时也可以直接作出变更或者撤销的决定。

第六章　法律责任

第四十七条　被审计单位违反本法规定，拒绝、拖延提供与审计事项有关的资料的，或者提供的资料不真实、不完整的，或者拒绝、阻碍检查、调查、核实有关情况的，由审计机关责令改正，可以通报批评，给予警告；拒不改正的，依法追究法律责任。

第四十八条　被审计单位违反本法规定，转移、隐匿、篡改、毁弃财务、会计资料以及与财政收支、财务收支有关的业务、管理等资料，或者转移、隐匿、故意毁损所持有的违反国家规定取得的资产，审计机关认为对直接负责的主管人员和其他直接责任人员依法应当给予处分的，应当向被审计单位提出处理建议，或者移送监察机关和有关主管机关、单位处理，有关机关、单位应当将处理结果书面告知审计机关；构成犯罪的，依法追究刑事责任。

第四十九条　对本级各部门（含直属单位）和下级政府违反预算的行为或者其他违反国家规定的财政收支行为，审计机关、人民政府或者有关主管机关、单位在法定职权范围内，依照法律、行政法规的规定，区别情况采取下列处理措施：

（一）责令限期缴纳应当上缴的款项；

（二）责令限期退还被侵占的国有资产；

（三）责令限期退还违法所得；

（四）责令按照国家统一的财务、会计制度的有关规定进行处理；

（五）其他处理措施。

第五十条　对被审计单位违反国家规定的财务收支行为，审计机关、人民政府或者有关主管机关、单位在法定职权范围内，依照法律、行政法规的规定，区别情况采取前条规定的处理措施，并可以依法给予处罚。

第五十一条 审计机关在法定职权范围内作出的审计决定，被审计单位应当执行。

审计机关依法责令被审计单位缴纳应当上缴的款项，被审计单位拒不执行的，审计机关应当通报有关主管机关、单位，有关主管机关、单位应当依照有关法律、行政法规的规定予以扣缴或者采取其他处理措施，并将处理结果书面告知审计机关。

第五十二条 被审计单位应当按照规定时间整改审计查出的问题，将整改情况报告审计机关，同时向本级人民政府或者有关主管机关、单位报告，并按照规定向社会公布。

各级人民政府和有关主管机关、单位应当督促被审计单位整改审计查出的问题。审计机关应当对被审计单位整改情况进行跟踪检查。

审计结果以及整改情况应当作为考核、任免、奖惩领导干部和制定政策、完善制度的重要参考；拒不整改或者整改时弄虚作假的，依法追究法律责任。

第五十三条 被审计单位对审计机关作出的有关财务收支的审计决定不服的，可以依法申请行政复议或者提起行政诉讼。

被审计单位对审计机关作出的有关财政收支的审计决定不服的，可以提请审计机关的本级人民政府裁决，本级人民政府的裁决为最终决定。

第五十四条 被审计单位的财政收支、财务收支违反国家规定，审计机关认为对直接负责的主管人员和其他直接责任人员依法应当给予处分的，应当向被审计单位提出处理建议，或者移送监察机关和有关主管机关、单位处理，有关机关、单位应当将处理结果书面告知审计机关。

第五十五条 被审计单位的财政收支、财务收支违反法律、行政法规的规定，构成犯罪的，依法追究刑事责任。

第五十六条 报复陷害审计人员的，依法给予处分；构成犯罪的，依法追究刑事责任。

第五十七条 审计人员滥用职权、徇私舞弊、玩忽职守或者泄露、向他人非法提供所知悉的国家秘密、工作秘密、商业秘密、个人隐私和个人信息的，依法给予处分；构成犯罪的，依法追究刑事责任。

第七章 附则

第五十八条 领导干部经济责任审计和自然资源资产离任审计，依照本法和国家有关规定执行。

第五十九条 中国人民解放军和中国人民武装警察部队审计工作的规定，由中央军事委员会根据本法制定。

审计机关和军队审计机构应当建立健全协作配合机制，按照国家有关规定对涉及军地经济事项实施联合审计。

第六十条 本法自1995年1月1日起施行。1988年11月30日国务院发布的《中华人民共和国审计条例》同时废止。

4 会计基础工作规范

（1996年6月17日财会字〔1996〕19号公布，根据2019年3月14日《财政部关于修改〈代理记账管理办法〉等2部部门规章的决定》修改）

第一章 总则

第一条 为了加强会计基础工作，建立规范的会计工作秩序，提高会计工作水平，根据《中华人民共和国会计法》的有关规定，制定本规范。

第二条 国家机关、社会团体、企业、事业单位、个体工商户和其他组织的会计基础工作，应当符合本规范的规定。

第三条 各单位应当依据有关法律、法规和本规范的规定，加强会计基础工作，严格执行会计法规制度，保证会计工作依法有序地进行。

第四条 单位领导人对本单位的会计基础工作负有领导责任。

第五条 各省、自治区、直辖市财政厅（局）要加强对会计基础工作的管理和指导，通过政策引导、经验交流、监督检查等措施，促进基层单位加强会计基础工作，不断提高会计工作水平。

国务院各业务主管部门根据职责权限管理本部门的会计基础工作。

第二章　会计机构和会计人员

第一节　会计机构设置和会计人员配备

第六条 各单位应当根据会计业务的需要设置会计机构；不具备单独设置会计机构条件的，应当在有关机构中配备专职会计人员。

事业行政单位会计机构的设置和会计人员的配备，应当符合国家统一事业行政单位会计制度的规定。

设置会计机构，应当配备会计机构负责人；在有关机构中配备专职会计人员，应当在专职会计人员中指定会计主管人员。

会计机构负责人、会计主管人员的任免，应当符合《中华人民共和国会计法》和有关法律的规定。

第七条 会计机构负责人、会计主管人员应当具备下列基本条件：

（一）坚持原则，廉洁奉公；

（二）具备会计师以上专业技术职务资格或者从事会计工作不少于三年；

（三）熟悉国家财经法律、法规、规章和方针、政策，掌握本行业业务管理的有关知识；

（四）有较强的组织能力；

（五）身体状况能够适应本职工作的要求。

第八条 没有设置会计机构或者配备会计人员的单位，应当根据《代理记账管理办法》的规定，委托会计师事务所或者持有代理记账许可证书的代理记账机构进行代理记账。

第九条 大、中型企业、事业单位、业务主管部门应当根据法律和国家有关规定设置总会计师。总会计师由具有会计师以上专业技术资格的人员担任。

总会计师行使《总会计师条例》规定的职责、权限。

总会计师的任命（聘任）、免职（解聘）依照《总会计师条例》和有关法律的规定办理。

第十条 各单位应当根据会计业务需要配备会计人员，督促其遵守职业道德和国家统一的会计制度。

第十一条 各单位应当根据会计业务需要设置会计工作岗位。

会计工作岗位一般可分为：会计机构负责人或者会计主管人员，出纳，财产物资核算，工资核算，成本费用核算，财务成果核算，资金核算，往来结算，总账报表，稽核，档案管理等。开展会计电算化和管理会计的单位，可以根据需要设置相应工作岗位，也可以与其他工作岗位相结合。

第十二条 会计工作岗位，可以一人一岗、一人多岗或者一岗多人。但出纳人员不得兼管稽核、会计档案保管和收入、费用、债权债务账目的登记工作。

第十三条 会计人员的工作岗位应当有计划地进行轮换。

第十四条 会计人员应当具备必要的专业知识和专业技能，熟悉国家有关法律、法规、规章和国家统一会计制度，遵守职业道德。

会计人员应当按照国家有关规定参加会计业务的培训。各单位应当合理安排会计人员的培训，保证会计人员每年有一定时间用于学习和参加培训。

第十五条 各单位领导人应当支持会计机构、会计人员依法行使职权；对忠于职守，坚持原则，做出显著成绩的会计机构、会计人员，应当给予精神的和物质的奖励。

第十六条 国家机关、国有企业、事业单位任用会计人员应当实行回避制度。

单位领导人的直系亲属不得担任本单位的会计机构负责人、会计主管人员。会计机构负责人、会计主管人员的直系亲属不得在本单位会计机构中担任出纳工作。

需要回避的直系亲属为：夫妻关系、直系血亲关系、三代以内旁系血亲以及配偶亲关系。

第二节　会计人员职业道德

第十七条 会计人员在会计工作中应当遵守职业道德，树立良好的职业品质、严谨的工作作风，严守工作纪律，努力提高工作效率和工作质量。

第十八条 会计人员应当热爱本职工作，努力钻研业务，使自己的知识和技能适应所从事工作的要求。

第十九条 会计人员应当熟悉财经法律、法规、规章和国家统一会计制度，并结合会计工作进行广泛宣传。

第二十条 会计人员应当按照会计法律、法规和国家统一会计制度规定的程序和要求进行会计工作，保证所提供的会计信息合法、真实、准确、及时、完整。

第二十一条 会计人员办理会计事务应当实事求是、客观公正。

第二十二条 会计人员应当熟悉本单位的生产经营和业务管理情况，运用掌握的会计信息和会计方法，为改善单位内部管理、提高经济效益服务。

第二十三条 会计人员应当保守本单位的商业秘密。除法律规定和单位领导人同意外，不能私自向外界提供或者泄露单位的会计信息。

第二十四条 财政部门、业务主管部门和各单位应当定期检查会计人员遵守职业道德的情况，并作为会计人员晋升、晋级、聘任专业职务、表彰奖励的重要考核依据。

会计人员违反职业道德的，由所在单位进行处理。

第三节 会计工作交接

第二十五条 会计人员工作调动或者因故离职，必须将本人所经管的会计工作全部移交给接替人员。没有办清交接手续的，不得调动或者离职。

第二十六条 接替人员应当认真接管移交工作，并继续办理移交的未了事项。

第二十七条 会计人员办理移交手续前，必须及时做好以下工作：

（一）已经受理的经济业务尚未填制会计凭证的，应当填制完毕。

（二）尚未登记的账目，应当登记完毕，并在最后一笔余额后加盖经办人员印章。

（三）整理应该移交的各项资料，对未了事项写出书面材料。

（四）编制移交清册，列明应当移交的会计凭证、会计账簿、会计报表、印章、现金、有价证券、支票簿、发票、文件、其他会计资料和物品等内容；实行会计电算化的单位，从事该项工作的移交人员还应当在移交清册中列明会计软件及密码、会计软件数据磁盘（磁带等）及有关资料、实物等内容。

第二十八条 会计人员办理交接手续，必须有监交人负责监交。一般会计人员交接，由单位会计机构负责人、会计主管人员负责监交；会计机构负责人、会计主管人员交接，由单位领导人负责监交，必要时可由上级主管部门派人会同监交。

第二十九条 移交人员在办理移交时，要按移交清册逐项移交；接替人员要逐项核对点收。

（一）现金、有价证券要根据会计账簿有关记录进行点交。库存现金、有价证券必须与会计账簿记录保持一致。不一致时，移交人员必须限期查清。

（二）会计凭证、会计账簿、会计报表和其他会计资料必须完整无缺。如有短缺，必须查清原因，并在移交清册中注明，由移交人员负责。

（三）银行存款账户余额要与银行对账单核对，如不一致，应当编制银行存款余额调节表调节相符，各种财产物资和债权债务的明细账户余额要与总账有关账户余额核对相符；必要时，要抽查个别账户的余额，与实物核对相符，或者与往来单位、个人核对清楚。

（四）移交人员经管的票据、印章和其他实物等，必须交接清楚；移交人员从事会计电算化工作的，要对有关电子数据在实际操作状态下进行交接。

第三十条 会计机构负责人、会计主管人员移交时，还必须将全部财务会计工作、重大财务收支和会计人员的情况等，向接替人员详细介绍。对需要移交的遗留问题，应当写出书面材料。

第三十一条 交接完毕后，交接双方和监交人员要在移交清册上签名或者盖章。并应在移交清册上注明：单位名称，交接日期，交接双方和监交人员的职务、姓名，移交清册页数以及需要说明的问题和意见等。

移交清册一般应当填制一式三份，交接双方各执一份，存档一份。

第三十二条 接替人员应当继续使用移交的会计账簿，不得自行另立新账，以保持会计记录的连续性。

第三十三条 会计人员临时离职或者因病不能工作且需要接替或者代理的，会计机构负责人、会计主管人员或者单位领导人必须指定有关人员接替或者代理，并办理交接手续。

临时离职或者因病不能工作的会计人员恢复工作的，应当与接替或者代理人员办理交接手续。

移交人员因病或者其他特殊原因不能亲自办理移交的，经单位领导人批准，可由移交人员委托他人代办移交，但委托人应当承担本规范第三十五条规定的责任。

第三十四条 单位撤销时，必须留有必要的会计人员，会同有关人员办理清理工作，编制决算。未移交前，不得离职。接收单位和移交日期由主管部门确定。

单位合并、分立的，其会计工作交接手续比照上述有关规定办理。

第三十五条 移交人员对所移交的会计凭证、会计账簿、会计报表和其他有关资料的合法性、真实性承担法律责任。

第三章　会计核算

第一节　会计核算一般要求

第三十六条　各单位应当按照《中华人民共和国会计法》和国家统一会计制度的规定建立会计账册，进行会计核算，及时提供合法、真实、准确、完整的会计信息。

第三十七条　各单位发生的下列事项，应当及时办理会计手续、进行会计核算：

（一）款项和有价证券的收付；

（二）财物的收发、增减和使用；

（三）债权债务的发生和结算；

（四）资本、基金的增减；

（五）收入、支出、费用、成本的计算；

（六）财务成果的计算和处理；

（七）其他需要办理会计手续、进行会计核算的事项。

第三十八条　各单位的会计核算应当以实际发生的经济业务为依据，按照规定的会计处理方法进行，保证会计指标的口径一致、相互可比和会计处理方法的前后各期相一致。

第三十九条　会计年度自公历1月1日起至12月31日止。

第四十条　会计核算以人民币为记账本位币。

收支业务以外国货币为主的单位，也可以选定某种外国货币作为记账本位币，但是编制的会计报表应当折算为人民币反映。

境外单位向国内有关部门编报的会计报表，应当折算为人民币反映。

第四十一条　各单位根据国家统一会计制度的要求，在不影响会计核算要求、会计报表指标汇总和对外统一会计报表的前提下，可以根据实际情况自行设置和使用会计科目。

事业行政单位会计科目的设置和使用，应当符合国家统一事业行政单位会计制度的规定。

第四十二条　会计凭证、会计账簿、会计报表和其他会计资料的内容和要求必须符合国家统一会计制度的规定，不得伪造、变造会计凭证和会计账簿，不得设置账外账，不得报送虚假会计报表。

第四十三条　各单位对外报送的会计报表格式由财政部统一规定。

第四十四条　实行会计电算化的单位，对使用的会计软件及其生成的会计凭证、会计账簿、会计报表和其他会计资料的要求，应当符合财政部关于会计电算化的有关规定。

第四十五条　各单位的会计凭证、会计账簿、会计报表和其他会计资料，应当建立档案，妥善保管。会计档案建档要求、保管期限、销毁办法等依据《会计档案管理办法》的规定进行。

实行会计电算化的单位，有关电子数据、会计软件资料等应当作为会计档案进行管理。

第四十六条　会计记录的文字应当使用中文，少数民族自治地区可以同时使用少数民族文字。中国境内的外商投资企业、外国企业和其他外国经济组织也可以同时使用某种外国文字。

第二节　填制会计凭证

第四十七条　各单位办理本规范第三十七条规定的事项，必须取得或者填制原始凭证，并及时送交会计机构。

第四十八条　原始凭证的基本要求是：

（一）原始凭证的内容必须具备：凭证的名称；填制凭证的日期；填制凭证单位名称或者填制人姓名；经办人员的签名或者盖章；

接受凭证单位名称；经济业务内容；数量、单价和金额。

（二）从外单位取得的原始凭证，必须盖有填制单位的公章；从个人取得的原始凭证，必须有填制人员的签名或者盖章。自制原始凭证必须有经办单位领导人或者其指定的人员签名或者盖章。对外开出的原始凭证，必须加盖本单位公章。

（三）凡填有大写和小写金额的原始凭证，大写与小写金额必须相符。购买实物的原始凭证，必须有验收证明。支付款项的原始凭证，必须有收款单位和收款人的收款证明。

（四）一式几联的原始凭证，应当注明各联的用途，只能以一联作为报销凭证。

一式几联的发票和收据，必须用双面复写纸（发票和收据本身具备复写纸功能的除外）套写，并连续编号。作废时应当加盖“作废”戳记，连同存根一起保存，不得撕毁。

（五）发生销货退回的，除填制退货发票外，还必须有退货验收证明；退款时，必须取得对方的收款收据或者汇款银行的凭证，不得以退货发票代替收据。

（六）职工公出借款凭据，必须附在记账凭证之后。收回借款时，应当另开收据或者退还借据副本，不得退还原借款收据。

（七）经上级有关部门批准的经济业务，应当将批准文件作为原始凭证附件。如果批准文件需要单独归档的，应当在凭证上注明批准机关名称、日期和文件字号。

第四十九条 原始凭证不得涂改、挖补。发现原始凭证有错误的，应当由开出单位重开或者更正，更正处应当加盖开出单位的公章。

第五十条 会计机构、会计人员要根据审核无误的原始凭证填制记账凭证。

记账凭证可以分为收款凭证、付款凭证和转账凭证，也可以使用通用记账凭证。

第五十一条 记账凭证的基本要求是：

（一）记账凭证的内容必须具备：填制凭证的日期；凭证编号；经济业务摘要；会计科目；金额；所附原始凭证张数；填制凭证人员、稽核人员、记账人员、会计机构负责人、会计主管人员签名或者盖章。收款和付款记账凭证还应当由出纳人员签名或者盖章。

以自制的原始凭证或者原始凭证汇总表代替记账凭证的，也必须具备记账凭证应有的项目。

（二）填制记账凭证时，应当对记账凭证进行连续编号。一笔经济业务需要填制两张以上记账凭证的，可以采用分数编号法编号。

（三）记账凭证可以根据每一张原始凭证填制，或者根据若干张同类原始凭证汇总填制，也可以根据原始凭证汇总表填制。但不得将不同内容和类别的原始凭证汇总填制在一张记账凭证上。

（四）除结账和更正错误的记账凭证可以不附原始凭证外，其他记账凭证必须附有原始凭证。如果一张原始凭证涉及几张记账凭证，可以把原始凭证附在一张主要的记账凭证后面，并在其他记账凭证上注明附有该原始凭证的记账凭证的编号或者附原始凭证复印件。

一张原始凭证所列支出需要几个单位共同负担的，应当将其他单位负担的部分，开给对方原始凭证分割单，进行结算。原始凭证分割单必须具备原始凭证的基本内容：凭证名称、填制凭证日期、填制凭证单位名称或者填制人姓名、经办人的签名或者盖章、接受凭证单位名称、经济业务内容、数量、单价、金额和费用分摊情况等。

（五）如果在填制记账凭证时发生错误，应当重新填制。

已经登记入账的记账凭证，在当年内发现填写错误时，可以用红字填写一张与原内容相同的记账凭证，在摘要栏注明“注销某月某日某号凭证”字样，同时再用蓝字重新填制一张正确的记账凭证，注明“订正某月某日某号凭证”字样。如果会计科目没有错误，只是金额错误，也可以将正确数字与错误数字之间的差额，另编一张调整的记账凭证，调增金额用蓝字，调减金额用红字。发现以前年度记账凭证有错误的，应当用蓝字填制一张更正的记账凭证。

（六）记账凭证填制完经济业务事项后，如有空行，应当自金额栏最后一笔金额数字下的空行处至合计数上的空行处划线注销。

第五十二条 填制会计凭证，字迹必须清晰、工整，并符合下列要求：

（一）阿拉伯数字应当一个一个地写，不得连笔写。阿拉伯金额数字前面应当书写货币币种符号或者货币名称简写和币种符号。币种符号与阿拉伯金额数字之间不得留有空白。凡阿拉伯数字前写有币种符号的，数字后面不再写货币单位。

（二）所有以元为单位（其他货币种类为货币基本单位，下同）的阿拉伯数字，除表示单价等情况外，一律填写到角分；无角分的，角位和分位可写“00”，或者符号“——”；有角无分的，分位应当写“0”，不得用符号“——”代替。

（三）汉字大写数字金额如零、壹、贰、叁、肆、伍、陆、柒、捌、玖、拾、佰、仟、万、亿等，一律用正楷或者行书体书写，不得用0、一、二、三、四、五、六、七、八、九、十等简化字代替，不得任意自造简化字。大写金额数字到元或者角为止的，在“元”或者“角”字之后应当写“整”字或者“正”字；大写金额数字有分的，分字后面不写“整”或者“正”字。

（四）大写金额数字前未印有货币名称的，应当加填货币名称，货币名称与金额数字之间不得留有空白。

（五）阿拉伯金额数字中间有“0”时，汉字大写金额要写“零”字；阿拉伯数字金额中间连续有几个“0”时，汉字大写金额中可以只写一个“零”字；阿拉伯金额数字元位是“0”，或者数字中间连续有几个“0”、元位也是“0”但角位不是“0”时，汉字大写金额可以只写一个“零”字，也可以不写“零”字。

第五十三条　实行会计电算化的单位，对于机制记账凭证，要认真审核，做到会计科目使用正确，数字准确无误。打印出的机制记账凭证要加盖制单人员、审核人员、记账人员及会计机构负责人、会计主管人员印章或者签字。

第五十四条　各单位会计凭证的传递程序应当科学、合理，具体办法由各单位根据会计业务需要自行规定。

第五十五条　会计机构、会计人员要妥善保管会计凭证。

（一）会计凭证应当及时传递，不得积压。

（二）会计凭证登记完毕后，应当按照分类和编号顺序保管，不得散乱丢失。

（三）记账凭证应当连同所附的原始凭证或者原始凭证汇总表，按照编号顺序，折叠整齐，按期装订成册，并加具封面，注明单位名称、年度、月份和起讫日期、凭证种类、起讫号码，由装订人在装订线封签外签名或者盖章。

对于数量过多的原始凭证，可以单独装订保管，在封面上注明记账凭证日期、编号、种类，同时在记账凭证上注明“附件另订”和原始凭证名称及编号。

各种经济合同、存出保证金收据以及涉外文件等重要原始凭证，应当另编目录，单独登记保管，并在有关的记账凭证和原始凭证上相互注明日期和编号。

（四）原始凭证不得外借，其他单位如因特殊原因需要使用原始凭证时，经本单位会计机构负责人、会计主管人员批准，可以复制。向外单位提供的原始凭证复制件，应当在专设的登记簿上登记，并由提供人员和收取人员共同签名或者盖章。

（五）从外单位取得的原始凭证如有遗失，应当取得原开出单位盖有公章的证明，并注明原来凭证的号码、金额和内容等，由经办单位会计机构负责人、会计主管人员和单位领导人批准后，才能代作原始凭证。如果确实无法取得证明的，如火车、轮船、飞机票等凭证，由当事人写出详细情况，由经办单位会计机构负责人、会计主管人员和单位领导人批准后，代作原始凭证。

第三节　登记会计账簿

第五十六条　各单位应当按照国家统一会计制度的规定和会计业务的需要设置会计账簿。会计账簿包括总账、明细账、日记账和其他辅助性账簿。

第五十七条　现金日记账和银行存款日记账必须采用订本式账簿。不得用银行对账单或者其他方法代替日记账。

第五十八条　实行会计电算化的单位，用计算机打印的会计账簿必须连续编号，经审核无误后装订成册，并由记账人员和会计机构负责人、会计主管人员签字或者盖章。

第五十九条　启用会计账簿时，应当在账簿封面上写明单位名称和账簿名称。在账簿扉页上应当附启用表，内容包括：启用日期、账簿页数、记账人员和会计机构负责人、会计主管人员姓名，并加盖名章和单位公章。记账人员或者会计机构负责人、会计主管人员调动工作时，应当注明交接日期、接办人员或者监交人员姓名，并由交接双方人员签名或者盖章。

启用订本式账簿，应当从第一页到最后一页顺序编定页数，不得跳页、缺号。使用活页式账页，应当按账户顺序编号，并须定期装订成册。装订后再按实际使用的账页顺序编定页码。另加目录，记明每个账户的名称和页次。

第六十条 会计人员应当根据审核无误的会计凭证登记会计账簿。登记账簿的基本要求是：

（一）登记会计账簿时，应当将会计凭证日期、编号、业务内容摘要、金额和其他有关资料逐项记入账内，做到数字准确、摘要清楚、登记及时、字迹工整。

（二）登记完毕后，要在记账凭证上签名或者盖章，并注明已经登账的符号，表示已经记账。

（三）账簿中书写的文字和数字上面要留有适当空格，不要写满格；一般应占格距的二分之一。

（四）登记账簿要用蓝黑墨水或者碳素墨水书写，不得使用圆珠笔（银行的复写账簿除外）或者铅笔书写。

（五）下列情况，可以用红色墨水记账：

1.按照红字冲账的记账凭证，冲销错误记录；

2.在不设借贷等栏的多栏式账页中，登记减少数；

3.在三栏式账户的余额栏前，如未印明余额方向的，在余额栏内登记负数余额；

4.根据国家统一会计制度的规定可以用红字登记的其他会计记录。

（六）各种账簿按页次顺序连续登记，不得跳行、隔页。如果发生跳行、隔页，应当将空行、空页划线注销，或者注明“此行空白”、“此页空白”字样，并由记账人员签名或者盖章。

（七）凡需要结出余额的账户，结出余额后，应当在“借或贷”等栏内写明“借”或者“贷”等字样。没有余额的账户，应当在

“借或贷”等栏内写“平”字，并在余额栏内用“Q”表示。

现金日记账和银行存款日记账必须逐日结出余额。

（八）每一账页登记完毕结转下页时，应当结出本页合计数及余额，写在本页最后一行和下页第一行有关栏内，并在摘要栏内注明“过次页”和“承前页”字样；也可以将本页合计数及金额只写在下页第一行有关栏内，并在摘要栏内注明“承前页”字样。

对需要结计本月发生额的账户，结计“过次页”的本页合计数应当为自本月初起至本页末止的发生额合计数；对需要结计本年累计发生额的账户，结计“过次页”的本页合计数应当为自年初起至本页末止的累计数；对既不需要结计本月发生额也不需要结计本年累计发生额的账户，可以只将每页末的余额结转次页。

第六十一条 账簿记录发生错误，不准涂改、挖补、刮擦或者用药水消除字迹，不准重新抄写，必须按照下列方法进行更正：

（一）登记账簿时发生错误，应当将错误的文字或者数字划红线注销，但必须使原有字迹仍可辨认；然后在划线上方填写正确的文字或者数字，并由记账人员在更正处盖章。对于错误的数字，应当全部划红线更正，不得只更正其中的错误数字。对于文字错误，可只划去错误的部分。

（二）由于记账凭证错误而使账簿记录发生错误，应当按更正的记账凭证登记账簿。

第六十二条 各单位应当定期对会计账簿记录的有关数字与库存实物、货币资金、有价证券、往来单位或者个人等进行相互核对，保证账证相符、账账相符、账实相符。对账工作每年至少进行一次。

（一）账证核对。核对会计账簿记录与原始凭证、记账凭证的时间、凭证字号、内容、金额是否一致，记账方向是否相符。

（二）账账核对。核对不同会计账簿之间的账簿记录是否相符，包括：总账有关账户的余额核对，总账与明细账核对，总账与日记账核对，会计部门的财产物资明细账与财产物资保管和使用部门的有关明细账核对等。

（三）账实核对。核对会计账簿记录与财产等实有数额是否相符。包括：现金日记账账面余额与现金实际库存数相核对；银行存款日记账账面余额定期与银行对账单相核对；各种财物明细账账面余额与财物实存数额相核对；各种应收、应付款明细账账面余额与有关债务、债权单位或者个人核对等。

第六十三条 各单位应当按照规定定期结账。

（一）结账前，必须将本期内所发生的各项经济业务全部登记入账。

（二）结账时，应当结出每个账户的期末余额。需要结出当月发生额的，应当在摘要栏内注明“本月合计”字样，并在下面通栏划单红线。需要结出本年累计发生额的，应当在摘要栏内注明“本年累计”字样，并在下面通栏划单红线；12月末的“本年累计”就是全年累计发生额。全年累计发生额下面应当通栏划双红线。年度终了结账时，所有总账账户都应当结出全年发生额和年末余额。

（三）年度终了，要把各账户的余额结转到下一会计年度，并在摘要栏注明“结转下年”字样；在下一会计年度新建有关会计账簿的第一行余额栏内填写上年结转的余额，并在摘要栏注明“上年结转”字样。

第四节 编制财务报告

第六十四条 各单位必须按照国家统一会计制度的规定，定期编制财务报告。

财务报告包括会计报表及其说明。会计报表包括会计报表主表、会计报表附表、会计报表附注。

第六十五条 各单位对外报送的财务报告应当根据国家统一会计制度规定的格式和要求编制。

单位内部使用的财务报告，其格式和要求由各单位自行规定。

第六十六条 会计报表应当根据登记完整、核对无误的会计账簿记录和其他有关资料编制，做到数字真实、计算准确、内容完整、说明清楚。

任何人不得篡改或者授意、指使、强令他人篡改会计报表的有关数字。

第六十七条 会计报表之间、会计报表各项目之间，凡有对应关系的数字，应当相互一致。本期会计报表与上期会计报表之间有关的数字应当相互衔接。如果不同会计年度会计报表中各项目的内容和核算方法有变更的，应当在年度会计报表中加以说明。

第六十八条 各单位应当按照国家统一会计制度的规定认真编写会计报表附注及其说明，做到项目齐全，内容完整。

第六十九条 各单位应当按照国家规定的期限对外报送财务报告。

对外报送的财务报告，应当依次编写页码，加具封面，装订成册，加盖公章。封面上应当注明：单位名称，单位地址，财务报告所属年度、季度、月度，送出日期，并由单位领导人、总会计师、会计机构负责人、会计主管人员签名或者盖章。

单位领导人对财务报告的合法性、真实性负法律责任。

第七十条 根据法律和国家有关规定应当对财务报告进行审计的，财务报告编制单位应当先行委托注册会计师进行审计，并将注册会计师出具的审计报告随同财务报告按照规定的期限报送有关部门。

第七十一条 如果发现对外报送的财务报告有错误，应当及时办理更正手续。除更正本单位留存的财务报告外，并应同时通知接受财务报告的单位更正。错误较多的，应当重新编报。

第四章 会计监督

第七十二条 各单位的会计机构、会计人员对本单位的经济活动进行会计监督。

第七十三条 会计机构、会计人员进行会计监督的依据是：

（一）财经法律、法规、规章；

（二）会计法律、法规和国家统一会计制度；

（三）各省、自治区、直辖市财政厅（局）和国务院业务主管部门根据《中华人民共和国会计法》和国家统一会计制度制定的具体实施办法或者补充规定；

（四）各单位根据《中华人民共和国会计法》和国家统一会计制度制定的单位内部会计管理制度；

（五）各单位内部的预算、财务计划、经济计划、业务计划等。

第七十四条 会计机构、会计人员应当对原始凭证进行审核和监督。

对不真实、不合法的原始凭证，不予受理。对弄虚作假、严重违法的原始凭证，在不予受理的同时，应当予以扣留，并及时向单位领导人报告，请求查明原因，追究当事人的责任。

对记载不准确、不完整的原始凭证，予以退回，要求经办人员更正、补充。

第七十五条 会计机构、会计人员对伪造、变造、故意毁灭会计账簿或者账外设账行为，应当制止和纠正；制止和纠正无效的，应当向上级主管单位报告，请求作出处理。

第七十六条 会计机构、会计人员应当对实物、款项进行监督，督促建立并严格执行财产清查制度。发现账簿记录与实物、款项不符时，应当按照国家有关规定进行处理。超出会计机构、会计人员职权范围的，应当立即向本单位领导报告，请求查明原因，作出处理。

第七十七条 会计机构、会计人员对指使、强令编造、篡改财务报告行为，应当制止和纠正；制止和纠正无效的，应当向上级主管单位报告，请求处理。

第七十八条 会计机构、会计人员应当对财务收支进行监督。

（一）对审批手续不全的财务收支，应当退回，要求补充、更正。

（二）对违反规定不纳入单位统一会计核算的财务收支，应当制止和纠正。

（三）对违反国家统一的财政、财务、会计制度规定的财务收支，不予办理。

（四）对认为是违反国家统一的财政、财务、会计制度规定的财务收支，应当制止和纠正；制止和纠正无效的，应当向单位领导人提出书面意见请求处理。

单位领导人应当在接到书面意见起十日内作出书面决定，并对决定承担责任。

（五）对违反国家统一的财政、财务、会计制度规定的财务收支，不予制止和纠正，又不向单位领导人提出书面意见的，也应当承担责任。

（六）对严重违反国家利益和社会公众利益的财务收支，应当向主管单位或者财政、审计、税务机关报告。

第七十九条 会计机构、会计人员对违反单位内部会计管理制度的经济活动，应当制止和纠正；制止和纠正无效的，向单位领导人报告，请求处理。

第八十条 会计机构、会计人员应当对单位制定的预算、财务计划、经济计划、业务计划的执行情况进行监督。

第八十一条 各单位必须依照法律和国家有关规定接受财政、审计、税务等机关的监督，如实提供会计凭证、会计账簿、会计报表和其他会计资料以及有关情况、不得拒绝、隐匿、谎报。

第八十二条 按照法律规定应当委托注册会计师进行审计的单位，应当委托注册会计师进行审计，并配合注册会计师的工作，如实提供会计凭证、会计账簿、会计报表和其他会计资料以及有关情况，不得拒绝、隐匿、谎报，不得示意注册会计师出具不当的审计报告。

第五章　内部会计管理制度

第八十三条 各单位应当根据《中华人民共和国会计法》和国家统一会计制度的规定，结合单位类型和内容管理的需要，建立健全相应的内部会计管理制度。

第八十四条 各单位制定内部会计管理制度应当遵循下列原则：

（一）应当执行法律、法规和国家统一的财务会计制度。

（二）应当体现本单位的生产经营、业务管理的特点和要求。

（三）应当全面规范本单位的各项会计工作，建立健全会计基础，保证会计工作的有序进行。

（四）应当科学、合理，便于操作和执行。

（五）应当定期检查执行情况。

（六）应当根据管理需要和执行中的问题不断完善。

第八十五条 各单位应当建立内部会计管理体系。主要内容包括：单位领导人、总会计师对会计工作的领导职责；会计部门及其会计机构负责人、会计主管人员的职责、权限；会计部门与其他职能部门的关系；会计核算的组织形式等。

第八十六条 各单位应当建立会计人员岗位责任制度。主要内容包括：会计人员的工作岗位设置；各会计工作岗位的职责和标准；各会计工作岗位的人员和具体分工；会计工作岗位轮换办法；对各会计工作岗位的考核办法。

第八十七条 各单位应当建立账务处理程序制度。主要内容包括：会计科目及其明细科目的设置和使用；会计凭证的格式、审核要求和传递程序；会计核算方法；会计账簿的设置；编制会计报表的种类和要求；单位会计指标体系。

第八十八条 各单位应当建立内部牵制制度。主要内容包括：内部牵制制度的原则；组织分工；出纳岗位的职责和限制条件；有关岗位的职责和权限。

第八十九条 各单位应当建立稽核制度。主要内容包括：稽核工作的组织形式和具体分工；稽核工作的职责、权限；审核会计凭证和复核会计账簿、会计报表的方法。

第九十条 各单位应当建立原始记录管理制度。主要内容包括：原始记录的内容和填制方法；原始记录的格式；原始记录的审核；原始记录填制人的责任；原始记录签署、传递、汇集要求。

第九十一条 各单位应当建立定额管理制度。主要内容包括：定额管理的范围；制定和修订定额的依据、程序和方法；定额的执行；定额考核和奖惩办法等。

第九十二条 各单位应当建立计量验收制度。主要内容包括：计量检测手段和方法；计量验收管理的要求；计量验收人员的责任和奖惩办法。

第九十三条 各单位应当建立财产清查制度。主要内容包括：财产清查的范围；财产清查的组织；财产清查的期限和方法；对财产清查中发现问题的处理办法；对财产管理人员的奖惩办法。

第九十四条 各单位应当建立财务收支审批制度。主要内容包括：财务收支审批人员和审批权限；财务收支审批程序；财务收支审批人员的责任。

第九十五条 实行成本核算的单位应当建立成本核算制度。主要内容包括：成本核算的对象；成本核算的方法和程序；成本分析等。

第九十六条 各单位应当建立财务会计分析制度。主要内容包括：财务会计分析的主要内容；财务会计分析的基本要求和组织程序；财务会计分析的具体方法；财务会计分析报告的编写要求等。

第六章 附则

第九十七条 本规范所称国家统一会计制度，是指由财政部制定，或者财政部与国务院有关部门联合制定，或者经财政部审核批准的在全国范围内统一执行的会计规章、准则、办法等规范性文件。

本规范所称会计主管人员，是指不设置会计机构、只在其他机构中设置专职会计人员的单位行使会计机构负责人职权的人员。

本规范第三章第二节和第三节关于填制会计凭证、登记会计账簿的规定，除特别指出外，一般适用于手工记账。实行会计电算化的单位，填制会计凭证和登记会计账簿的有关要求，应当符合财政部关于会计电算化的有关规定。

第九十八条 各省、自治区、直辖市财政厅（局）、国务院各业务主管部门可以根据本规范的原则，结合本地区、本部门的具体情况，制定具体实施办法，报财政部备案。

第九十九条 本规范由财政部负责解释、修改。

第一百条 本规范自公布之日起实施。1984年4月24日财政部发布的《会计人员工作规则》同时废止。

5 会计档案管理办法

《会计档案管理办法》已经财政部部务会议、国家档案局局务会议修订通过，现将修订后的《会计档案管理办法》公布，自2016年1月1日起施行。

会计档案管理办法

第一条 为了加强会计档案管理，有效保护和利用会计档案，根据《中华人民共和国会计法》《中华人民共和国档案法》等有关法律和行政法规，制定本办法。

第二条 国家机关、社会团体、企业、事业单位和其他组织（以下统称单位）管理会计档案适用本办法。

第三条 本办法所称会计档案是指单位在进行会计核算等过程中接收或形成的，记录和反映单位经济业务事项的，具有保存价值的文字、图表等各种形式的会计资料，包括通过计算机等电子设备形成、传输和存储的电子会计档案。

第四条 财政部和国家档案局主管全国会计档案工作，共同制定全国统一的会计档案工作制度，对全国会计档案工作实行监督和指导。

县级以上地方人民政府财政部门和档案行政管理部门管理本行政区域内的会计档案工作，并对本行政区域内会计档案工作实行监督和指导。

第五条 单位应当加强会计档案管理工作，建立和完善会计档案的收集、整理、保管、利用和鉴定销毁等管理制度，采取可靠的安全防护技术和措施，保证会计档案的真实、完整、可用、安全。

单位的档案机构或者档案工作人员所属机构（以下统称单位档案管理机构）负责管理本单位的会计档案。单位也可以委托具备档案管理条件的机构代为管理会计档案。

第六条 下列会计资料应当进行归档：

（一）会计凭证，包括原始凭证、记账凭证；

（二）会计账簿，包括总账、明细账、日记账、固定资产卡片及其他辅助性账簿；

（三）财务会计报告，包括月度、季度、半年度、年度财务会计报告；

（四）其他会计资料，包括银行存款余额调节表、银行对账单、纳税申报表、会计档案移交清册、会计档案保管清册、会计档案销毁清册、会计档案鉴定意见书及其他具有保存价值的会计资料。

第七条 单位可以利用计算机、网络通信等信息技术手段管理会计档案。

第八条 同时满足下列条件的，单位内部形成的属于归档范围的电子会计资料可仅以电子形式保存，形成电子会计档案：

（一）形成的电子会计资料来源真实有效，由计算机等电子设备形成和传输；

（二）使用的会计核算系统能够准确、完整、有效接收和读取电子会计资料，能够输出符合国家标准归档格式的会计凭证、会计账簿、财务会计报表等会计资料，设定了经办、审核、审批等必要的审签程序；

（三）使用的电子档案管理系统能够有效接收、管理、利用电子会计档案，符合电子档案的长期保管要求，并建立了电子会计档案与相关联的其他纸质会计档案的检索关系；

（四）采取有效措施，防止电子会计档案被篡改；

（五）建立电子会计档案备份制度，能够有效防范自然灾害、意外事故和人为破坏的影响；

（六）形成的电子会计资料不属于具有永久保存价值或者其他重要保存价值的会计档案。

第九条 满足本办法第八条规定条件，单位从外部接收的电子会计资料附有符合《中华人民共和国电子签名法》规定的电子签名的，可仅以电子形式归档保存，形成电子会计档案。

第十条 单位的会计机构或会计人员所属机构（以下统称单位会计管理机构）按照归档范围和归档要求，负责定期将应当归档的会计资料整理立卷，编制会计档案保管清册。

第十一条 当年形成的会计档案，在会计年度终了后，可由单位会计管理机构临时保管一年，再移交单位档案管理机构保管。因工作需要确需推迟移交的，应当经单位档案管理机构同意。

单位会计管理机构临时保管会计档案最长不超过三年。临时保管期间，会计档案的保管应当符合国家档案管理的有关规定，且出纳人员不得兼管会计档案。

第十二条 单位会计管理机构在办理会计档案移交时，应当编制会计档案移交清册，并按照国家档案管理的有关规定办理移交手续。

纸质会计档案移交时应当保持原卷的封装。电子会计档案移交时应当将电子会计档案及其元数据一并移交，且文件格式应当符合国家档案管理的有关规定。特殊格式的电子会计档案应当与其读取平台一并移交。

单位档案管理机构接收电子会计档案时，应当对电子会计档案的准确性、完整性、可用性、安全性进行检测，符合要求的才能接收。

第十三条 单位应当严格按照相关制度利用会计档案，在进行会计档案查阅、复制、借出时履行登记手续，严禁篡改和损坏。

单位保存的会计档案一般不得对外借出。确因工作需要且根据国家有关规定必须借出的，应当严格按照规定办理相关手续。

会计档案借用单位应当妥善保管和利用借入的会计档案，确保借入会计档案的安全完整，并在规定时间内归还。

第十四条 会计档案的保管期限分为永久、定期两类。定期保管期限一般分为10年和30年。

会计档案的保管期限，从会计年度终了后的第一天算起。

第十五条 各类会计档案的保管期限原则上应当按照本办法附表执行，本办法规定的会计档案保管期限为最低保管期限。

单位会计档案的具体名称如有同本办法附表所列档案名称不相符的，应当比照类似档案的保管期限办理。

第十六条 单位应当定期对已到保管期限的会计档案进行鉴定，并形成会计档案鉴定意见书。经鉴定，仍需继续保存的会计档案，应当重新划定保管期限；对保管期满，确无保存价值的会计档案，可以销毁。

第十七条 会计档案鉴定工作应当由单位档案管理机构牵头，组织单位会计、审计、纪检监察等机构或人员共同进行。

第十八条 经鉴定可以销毁的会计档案，应当按照以下程序销毁：

（一）单位档案管理机构编制会计档案销毁清册，列明拟销毁会计档案的名称、卷号、册数、起止年度、档案编号、应保管期限、已保管期限和销毁时间等内容。

（二）单位负责人、档案管理机构负责人、会计管理机构负责人、档案管理机构经办人、会计管理机构经办人在会计档案销毁清册上签署意见。

（三）单位档案管理机构负责组织会计档案销毁工作，并与会计管理机构共同派员监销。监销人在会计档案销毁前，应当按照会计档案销毁清册所列内容进行清点核对；在会计档案销毁后，应当在会计档案销毁清册上签名或盖章。

电子会计档案的销毁还应当符合国家有关电子档案的规定，并由单位档案管理机构、会计管理机构和信息系统管理机构共同派员监销。

第十九条 保管期满但未结清的债权债务会计凭证和涉及其他未了事项的会计凭证不得销毁，纸质会计档案应当单独抽出立卷，电子会计档案单独转存，保管到未了事项完结时为止。

单独抽出立卷或转存的会计档案，应当在会计档案鉴定意见书、会计档案销毁清册和会计档案保管清册中列明。

第二十条 单位因撤销、解散、破产或其他原因而终止的，在终止或办理注销登记手续之前形成的会计档案，按照国家档案管理的有关规定处置。

第二十一条 单位分立后原单位存续的，其会计档案应当由分立后的存续方统一保管，其他方可以查阅、复制与其业务相关的会计档案。

单位分立后原单位解散的，其会计档案应当经各方协商后由其中一方代管或按照国家档案管理的有关规定处置，各方可以查阅、复制与其业务相关的会计档案。

单位分立中未结清的会计事项所涉及的会计凭证，应当单独抽出由业务相关方保存，并按照规定办理交接手续。

单位因业务移交其他单位办理所涉及的会计档案，应当由原单位保管，承接业务单位可以查阅、复制与其业务相关的会计档案。对其中未结清的会计事项所涉及的会计凭证，应当单独抽出由承接业务单位保存，并按照规定办理交接手续。

第二十二条 单位合并后原各单位解散或者一方存续其他方解散的，原各单位的会计档案应当由合并后的单位统一保管。单位合并后原各单位仍存续的，其会计档案仍应当由原各单位保管。

第二十三条 建设单位在项目建设期间形成的会计档案，需要移交给建设项目接受单位的，应当在办理竣工财务决算后及时移交，并按照规定办理交接手续。

第二十四条 单位之间交接会计档案时，交接双方应当办理会计档案交接手续。

移交会计档案的单位，应当编制会计档案移交清册，列明应当移交的会计档案名称、卷号、册数、起止年度、档案编号、应保管期限和已保管期限等内容。

交接会计档案时，交接双方应当按照会计档案移交清册所列内容逐项交接，并由交接双方的单位有关负责人负责监督。交接完毕后，交接双方经办人和监督人应当在会计档案移交清册上签名或盖章。

电子会计档案应当与其元数据一并移交，特殊格式的电子会计档案应当与其读取平台一并移交。档案接受单位应当对保存电子会计档案的载体及其技术环境进行检验，确保所接收电子会计档案的准确、完整、可用和安全。

第二十五条 单位的会计档案及其复制件需要携带、寄运或者传输至境外的，应当按照国家有关规定执行。

第二十六条 单位委托中介机构代理记账的，应当在签订的书面委托合同中，明确会计档案的管理要求及相应责任。

第二十七条 违反本办法规定的单位和个人，由县级以上人民政府财政部门、档案行政管理部门依据《中华人民共和国会计法》《中华人民共和国档案法》等法律法规处理处罚。

第二十八条 预算、计划、制度等文件材料，应当执行文书档案管理规定，不适用本办法。

第二十九条 不具备设立档案机构或配备档案工作人员条件的单位和依法建账的个体工商户，其会计档案的收集、整理、保管、利用和鉴定销毁等参照本办法执行。

第三十条 各省、自治区、直辖市、计划单列市人民政府财政部门、档案行政管理部门，新疆生产建设兵团财务局、档案局，国务院各业务主管部门，中国人民解放军总后勤部，可以根据本办法制定具体实施办法。

第三十一条 本办法由财政部、国家档案局负责解释，自2016年1月1日起施行。1998年8月21日财政部、国家档案局发布的《会计档案管理办法》(财会字〔1998〕32号)同时废止。

附表1：企业和其他组织会计档案保管期限表

附表2：财政总预算、行政单位、事业单位和税收会计档案保管期限表

附表1

企业和其他组织会计档案保管期限表

序号	档案名称	保管期限	备注
一	**会计凭证**		
1	原始凭证	30年	
2	记账凭证	30年	
二	**会计账簿**		
3	总账	30年	
4	明细账	30年	
5	日记账	30年	
6	固定资产卡片		固定资产报废清理后保管5年
7	其他辅助性账簿	30年	
三	**财务会计报告**		
8	月度、季度、半年度财务会计报告	10年	
9	年度财务会计报告	永久	
四	**其他会计资料**		
10	银行存款余额调节表	10年	
11	银行对账单	10年	
12	纳税申报表	10年	
13	会计档案移交清册	30年	
14	会计档案保管清册	永久	
15	会计档案销毁清册	永久	
16	会计档案鉴定意见书	永久	

附表2

财政总预算、行政单位、事业单位和税收会计档案保管期限表

序号	档案名称	保管期限			备注
		财政总预算	行政单位事业单位	税收会计	
一	**会计凭证**				
1	国家金库编送的各种报表及缴库退库凭证	10年		10年	
2	各收入机关编送的报表	10年			
3	行政单位和事业单位的各种会计凭证		30年		包括：原始凭证、记账凭证和传票汇总表
4	财政总预算拨款凭证和其他会计凭证	30年			包括：拨款凭证和其他会计凭证
二	**会计账簿**				
5	日记账		30年	30年	
6	总账	30年	30年	30年	
7	税收日记账（总账）			30年	
8	明细分类、分户账或登记簿	30年	30年	30年	
9	行政单位和事业单位固定资产卡片				固定资产报废清理后保管5年
三	**财务会计报告**				
10	政府综合财务报告	永久			下级财政、本级部门和单位报送的保管2年
11	部门财务报告		永久		所属单位报送的保管2年
12	财政总决算	永久			下级财政、本级部门和单位报送的保管2年
13	部门决算		永久		所属单位报送的保管2年
14	税收年报（决算）			永久	
15	国家金库年报（决算）	10年			
16	基本建设拨、贷款年报（决算）	10年			

续表

序号	档案名称	保管期限			备注
		财政总预算	行政单位事业单位	税收会计	
17	行政单位和事业单位会计月、季度报表		10年		所属单位报送的保管2年
18	税收会计报表			10年	所属税务机关报送的保管2年
四	**其他会计资料**				
19	银行存款余额调节表	10年	10年		
20	银行对账单	10年	10年	10年	
21	会计档案移交清册	30年	30年	30年	
22	会计档案保管清册	永久	永久	永久	
23	会计档案销毁清册	永久	永久	永久	
24	会计档案鉴定意见书	永久	永久	永久	

注：税务机关的税务经费会计档案保管期限，按行政单位会计档案保管期限规定办理。